ドイツ中世後期のスポーツ

K.ヴァスマンスドルフ《著》

楠戸 一彦《編訳》

渓水社

はじめに

　本訳書は，19世紀後半のドイツにおいて著名な「体育史家」であったカール・ヴァスマンスドルフ（Karl Wassmannsdorff）が書き残した「ドイツ中世後期のスポーツ」に関する論文を邦訳したものである[1]。

　K.ヴァスマンスドルフは，本訳書の第8章「K.ヴァスマンスドルフのドイツ中世後期のスポーツ史研究」において言及されているように，「中世暗黒史観」が支配的であった19世紀後半のドイツにおける「体育史研究」の世界にあって，ドイツ中世後期のさまざまな身体運動（スポーツ）に関して，きわめて多数の著作と論文を残している。これらの論考は，貴族による馬上槍試合（トーナメント）だけでなく，市民による剣術や射撃，そして農民による走跳投などの民衆的運動など，非常に広範な分野に及んでいる。ドイツ中世後期のスポーツ史に関する彼の研究業績は，100年以上を経た21世紀の今日においても，決して色あせることはない。むしろ，それは孤高の輝きを放っているようである。

　他方，今日，わが国のスポーツ史学会や体育史学会，あるいは北米スポーツ史学会やヨーロッパスポーツ史学会の機関誌に投稿された論文を概観すると，ドイツ中世後期のスポーツに関する研究はきわめて稀である[2]。また，ドイツ中世後期におけるスポーツに関して，スポーツ史を学ぼうとする学生諸氏のための適切なドイツ語と日本語による入門書も見当たらない。こうした状況の中で，ヴァスマンスドルフの論文の邦訳を通じて，ドイツ中世後期のスポーツの世界を垣間見ることは，それなりの意義があるのではないだろうか。

　翻訳に際しては，逐語訳ではなく，抄訳と意訳にせざるをえなかった。抄訳としたのは，一つには古代ギリシャ語とラテン語およびフランス語に関する筆者の能力不足のためである。また，意訳としたのは，ヴァスマンスドルフの冗長なドイツ語を逐語訳すると，日本語としての意味が理解し難くなるからである。なお，19世紀のドイツにおける体育を語る上で最も重要な概念であるドイツ語の「Turnen」は，「体育」と訳出した[3]。

さらに，邦訳に当たっては次のような変更を加えた。
- 原文の隔字体（ゲシュペルト）は「傍点」とし，イタリックと太字はそのままとした。
- 原文における異字体や読み方などに関する注は，省略した。
- 内容の理解を助けるために，節や段落を設けた。
- 原文の注は「原注」と表記し，訳者による注は「訳者注」と表記した。
- 氏名に関しては原文に従ったカタカナ表記としたが，人名索引において原語を示した。
- 翻訳であることを考慮して，事項索引ではドイツ語を示した。

注

1) 本訳書の書名となっている「ドイツ中世後期のスポーツ」について，補足的な説明を加えておきたい。空間的な意味での「ドイツ」は，歴史的には常に同じ地理的範囲を意味するのではなかった。ここで言う「ドイツ」は，「ドイツ語圏」（ドイツ語を話す人たち）の地域に対応している。現在の国で言うと，主としてドイツ連邦共和国・スイス連邦の一部・オーストリア共和国を含む地域である。時間的な意味での「中世後期」は，時代区分の問題として非常に複雑な内容を含んでおり，それらを論定する紙面的余裕はない。取り敢えず，ここでは，ドイツにおける「中世後期」として，西暦の 14 世紀後半から 17 世紀前半までを想定している。

　ところで，「スポーツ」（Sport）という語がドイツに導入されたのは 19 世紀前半であり，1880 年代以降は「当時のあらゆる種類の身体運動」を意味していた。Grell, N., Zur Geschichte des Begriffs "Sport" in England und Deutschland. Wien 1943, S. 42. しかし，K.ヴァスマンスドルフは身体運動の総称概念としては，後述する「Turnen」を使用し，「Sport」という語を使用することはなかった。なお，「スポーツ」という語と「ドイツ中世後期のスポーツ」に関しては，次の拙著を参照されたい。ドイツ中世後期のスポーツ―アウグスブルクにおける「公開射撃大会」―，不昧堂出版，1998 年，32-34 頁。ドイツ中世スポーツ史研究入門，溪水社，2013 年，「第 2 章　研究対象としての『スポーツ』」（47-99 頁）。

2) 機関誌に関して，スポーツ史学会は「スポーツ史研究」（1988~），体育史学会は「体育史研究」（1984~），北米スポーツ史学会（North American Society for Sport History, NASH）は「Journal of Sport History」（1974~），ヨーロッパスポーツ史学会（The European Committee for Sports History, CESH）は「European Studies in Sports History」（2008~）である。なお，ドイツ中世後期のスポーツに関する先行研究については，次の拙著を参照されたい。ドイツ中世スポーツ史研究入門，溪水社，2013

年，「第 4 章　ドイツ中世スポーツ史研究の歴史」（147-203 頁）。

3) ドイツ語の「Turnen」は，周知のように，F. L. ヤーン（1778-1852）によって造語され
た語であり，「身体運動（Leibesübungen）を行う」という意味で使用された。Röthig/
Prohl u. a. (Hg.), Sportwissenschaftliches Lexikon. Schorndorf 2003[7]. この「Turnen」
というドイツ語は，今日の日本では，「体操競技」と理解されることが多い。他方で，
「体操」という日本語は，第二次世界大戦以前は学校教育における教科名（体操科）
であり，運動領域名（普通体操・兵式体操など）であった。出口貞善（編），スポー
ツの百科事典，丸善株式会社，平成 19 年，488-489 頁，536 頁。

　　さて，K. ヴァスマンスドルフにおける「Turnen」という語の使用事例を検討する
と，この語は一方では「身体運動」（Leibesübunbgen）の総称概念として使用され，
他方では学校での「体育」（Schulturnen）をも意味していた。本訳書では，ヴァス
マンスドルフの使用事例を念頭におきながら，「Turnen」を基本的には「体育」と
訳出した。

ドイツ中世後期のスポーツ

第 1 章
ドイツの騎士と市民と農民の身体運動

図 1　市民の石投げ・走・剣術・格闘

　私はしばらく前に「新体育年鑑」（1866 年）に投稿した中世高地ドイツ語の詩に関する論文おいて，数世紀前のドイツの騎士による体を鍛えるための身体運動について指摘をした [1]。本稿では，ドイツのいわゆる民衆，つまり市民と農民が早い時代に既に自らの遊戯と身体運動を行っていたということを，若干の詩を通じて少なくとも大雑把に読者に提供してみよう。

　我々は「新体育年鑑」における上述の報告の補足として，最初に，ドイツの民衆の騎士的な体育に関する若干の証拠から始めることにする。

第 1 節　A.フォン・ケラーの『古ドイツの写本からの物語』より

　『古ドイツの写本からの物語』は，アデルベルト・フォン・ケラーが収集し，1855 年にシュツットガルトで『シュツットガルト文学協会叢書』の一冊として出版された [2]。この中に収められた『婦人の貞節』という詩の中で，有能な騎士に対する軽はずみな女性に対する嘆きが描かれている [3]。

この騎士は，正に婦人への献身のゆえにトーナメントで腕と足を折り，「鼻と口を踏みにじられ」，傷ついて横たわっている。

そこへ絹の上着を身につけた [4)]，
騎士がやって来ると，
全員が彼を避けた。
そうして，この騎士は歌い，
走り，ダンスをし，跳び，
騒ぎ，飲み，食べた。
こうして，両方とも忘れていたのは，
傷ついた騎士が部屋の中にいることである。
あー，貞節な女性よ，君はなんと小さな者か！

愛すべき婦人は，次のような夢を見ている（別の物語） [5)]。

野人たちのグループが彼女の所に来る，
彼らは元気があり，陽気であった。
彼女の前で彼らは跳んだり，
ブフルトをし [6)]，格闘をした。

ハルニッシュ=リンゲンにある城から出てきた幽霊のような騎士は，まったく本当のドイツの騎士のように振る舞っている [7)]。

彼らはあらゆる騎士的遊戯を行う，
集団や単騎でのトーナメント，
そして，考え得るあらゆる戦いを。

しばしば取り上げられ，特別に強調されるトーナメント以外に，騎士の体育運動つまり騎士遊戯として理解されていることが，『五月について』という詩において，もっと詳しく提示されている [8)]。この詩の中で，ある婦人は「温泉旅行」をする騎士について物語っている。この温泉では，騎士

4

や従者そして美しい婦人によって，さまざまな娯楽が行われる。彼女は次のように語っている。

　　私もそこに招待された，
　　他の多くの婦人たちと一緒に。
　　そこでは，歌やお喋りと共に，
　　さまざまな娯楽や遊戯があった。
　　多くの美しい天幕が張られていた。
　　ダンスや格闘や跳躍や歌唱が行われ，
　　あらゆる娯楽がそこにはあった。
　　それぞれのことが彼の気に入り，
　　彼は心から喜んだ。
　　私は草地に行った所で，
　　飽きもしないで見ていた。
　　二人が遠慮がちに，
　　抱き合っていた。
　　貴方，私は貴方に従わなければならないかしら，
　　娯楽が終わってしまうまで。
　　だけど，私は夜になるのが心配だわ，
　　夜になると，本当にさまざまなことがあるから。

　続いて，1442 年にネルドリンゲン（当地の「カイザー原」）で開催された民衆祭を記述している詩の中から，一節を取り上げる。ここで取り扱われているのは，この都市の参事会（参事会と市長）が提供した贈り物を賭けての騎馬と徒歩での競走である。この遊戯には，いわゆる庶民と少年と少女だけが参加した。これに対して，役人と尊敬すべき市民は，特に射手祭の際には，競走のほかに跳躍や石投げなどの他の身体運動を行うのが常であった。この詩は『シュツットガルト文学協会叢書』の第 30 巻（1853 年）に収められている [9]。

　　1400 年と 42 年を数えた時，

それは，ある月曜日の朝早く，
都市となったネルドリンゲンで行われた。
賢明な参事会は，
ある日，戯れを行おうとした。
少年と少女が騎馬で，
深紅の布，豚，弩を賭けて。
多くの人が楽しみのために，
喜びながら野原にやって来る。
そこでは，美しい女性が多数見られた，
大きな女性も，小さな女性も。
庶民と言われる女性たちが，
既にバルヘント布 10)のために走っている。
それを見て多くの人が笑っている，
ある庶民の婦人がこの布を獲得した。
ズボンをはいた多数の少年がきた，
破れた上着を着用していた。
一部は着飾ってはいなかった，
しかし，一枚のバルヘント布が提供された。
幾人かの少年が競走をした，
一人の少年がこの布を獲得した。
その後，人々は別のことを相談した，
深紅の布を賭けて競走するために。
都市役人が民衆を整理し，
美しい競走路を整備した。
既に一人の紳士が走っているのが見られた，
従者と一緒の馬も。
若干の者は布を賭けて馬を走らせようとした，
ウイーンからの客人がこれを獲得した，
弩も獲得した。
若干の者は新たなことを考えた，
彼らは深紅の布を賭けた競走しようとした 11)。

第 2 節　15 世紀の謝肉祭劇より

　『15 世紀の謝肉祭劇』（1853 年にシュツットガルト文学協会によって刊行）
では，決して騎士の生まれではない人々の体育について述べる下層身分あ
るいは市民の出身である男たちが登場する [12]。

　この謝肉祭劇における第 24 番目の劇（シュツットガルト文学協会版の第 30
巻）は 1486 年以前に作成された [13]。この劇の脚本の最後で，ある農民が彼
の術について自慢している [14]。

　　　私は美しい婦人と戯れる，
　　　それは私には十分ふさわしいことである。
　　　私は格闘と剣術に堪能であり，
　　　そのため，剣を身につけている。
　　　私を越える者は誰もいない，
　　　しかし，我々は前に進む。

　第 31 番目の劇の脚本も同じ時代であるように思われる。ここでは，『前
ぶれ』（Precursor，文字どおり先駆者）という劇の導入部で，同じく自分につ
いて述べている [15]。

　　　多くの人が私を農民と見る，
　　　私はもっと良い身分だと思う。
　　　だから，私の剣を持ち込む。

けれども，彼はそれによって誰をも驚かさない。さらに，

　　　私は武芸に十分熟達している，
　　　私は防御に切り込む。

最後に，「告知者」の結びの言葉が続く。

誰かが私に尋ねた，
　　　格闘と跳躍と剣術について。
　　　剣，メッサー，短剣，棒，石，
　　　私が持ちこたえようとするように，彼も持ちこたえようとする。
　　　彼は私をすぐには見つけることができない，
　　　彼は改めて私の剣に問いかける。
　　　突然のように剣術をする，
　　　しばしば 3 日間剣術をする，
　　　私は正しくそのための準備をする。

　同行しようと望む者に対して彼は，万一の「冒険旅行」の際には，彼の剣で守る護送権 16) を与えようとするだろう。
　同様に 1486 年以前に作成され，婦人を讃える第 33 番目の劇の脚本は，次のような言葉によってミンネの影響を強調する 17)。

　　　トーナメントと槍を好み，
　　　歌を歌い，談笑し，会話をし，
　　　剣術，格闘，ダンス，跳躍をする。
　　　太鼓を打ち，笛を吹き，弦を鳴らす，
　　　風と共に女性に取り入らないのか？

　第 36 番目の劇では，この脚本を閉じる者が，さまざまな娯楽の技能を讃える 18)。

　　　乙女は麻を振り落とす，
　　　私は剣術，ダンス，跳躍をすることができる。
　　　加えて歌を上手に歌うことができる，
　　　乙女が寝床の準備と掃除をするのを助ける。
　　　私が学んだ最高の術は，
　　　杯を空けることである。

　第 38 番目の劇（第 36 番目の劇と同様に 1486 年以前に作成された）では，ヴィーナスへの奉仕のために行われる馬鹿げたことを数え上げる人々の中の一人は，身体術について次のように考えている [19]。

　　おー，ヴィーナスよ，剣術と格闘，
　　レネンとシュテッヘン，ダンスと跳躍。
　　太鼓叩き，笛吹き，ラウテ演奏，
　　教会開基祭での贈り物，歌唱，談笑，
　　私は常に一つのことを修練してきた。

　第 45 番目の劇（1494 年以前に作成されている）では，自慢する農民たちが再び登場する [20]。最初の農民が次のように言う。誰も貴族ではなく，彼ら全員が村々で育っているもかかわらず，

　　我らは手弓で射撃をし，
　　櫟井の木でできた手弓で射撃をすることができる。

しかも，

　　女性をからかうことができる。

　第二の農民は，彼の「優雅さ」を自慢する。

　　俺は村で踊ったり，跳んだりした，
　　さらに，巧みなこと [21] を行った，
　　あらゆる衣装が私を迎えた。

さらに，彼は賢い抱擁とキスを自慢する。三番目の農民は婦人に向かって，「刃のないデッゲンによる剣術」[22] について語っている。
　「病弱な」騎士たちも（1494 年以前に作成された第 47 番目の謝肉祭劇において），同じように，彼らの騎士的な巧みさを自慢している。もちろん，ここ

9

でも身体術が欠けることはない。市民たちによって動揺させられた 6 番目と 7 番目そして 8 番目の騎士は，次のような意見を述べている 23)。

　　私，騎士ザイツ・フォン・ヴェステルライヒは，
　　跳躍では私に敵う者はない。
　　デュルマンダントの国王宮廷では，
　　誰も私よりも優れた者はいない。
　　かくして，私は騎士に叙任された。
　　美しい女性を通じて，私はあえてそのことを言う。
　　　　私はあなた方に，私の跳躍を好んで見せる，
　　　　私の片脚に痛みが生じると，
　　　　あなた方は高貴な皇帝に自由に聞いて貰いたい，
　　　　私が良い騎士ではないのか，どうかを。
　　私は騎士フリードリヒという，
　　そして，マルカンダイヒという国で，
　　武術で騎士道を獲得した。
　　私の武術攻撃には力がある，
　　それゆえ，誰も私には敵わない。
　　　　私は防御の技を好んで見せようとして，
　　　　手を覆い隠した。
　　　　しかし，ガウンを置こうとして，
　　　　決して果たせなかった。
　　私はゴールロッテンと称し，
　　騎士ゼルツザームを良く知っている。
　　どこにも私の仲間を見つけられない，
　　彼は私と格闘で対抗する。
　　私は格闘によって，
　　騎士的な名誉を獲得した。
　　私はこのことから教訓を得た，
　　　　私はあなた方にあることを贈る。
　　　　私の背は曲がっている，

　　　私は格闘しないかもしれない，

　　　私はそれよりも騎士である。

　1447 年以後に作成された第 96 番目の劇における 7 自由芸は，「7 人の師範」によって滑稽にもミンネに奉仕させられる [24]。

　　　ある若者がしばしば行うように，

　　　その体で婦人に奉仕すべく，

　　　私は彼を婦人崇拝者と呼ぶ。

　　　彼は闘い，突撃した，

　　　鋭い槍を持って騎馬で戦った。

　　　トーナメント，シュテッヘン，ダンス，跳躍をした。

　　　早く走り，力強く格闘することによって，

　　　高い名声を得た。

　　　ようやく，私は彼を半分の婦人崇拝者と呼ぶ。

　そのことに対する感謝として，この意味で 7 人の賢明な師範たちに教わった若者は，

　　　あらゆる術を試みた，

　　　我々は婦人に名誉を申し出た。

　　　ダンスと跳躍の術で，

　　　シュテッヘンとトーナメント，歌唱と朗読で，

　　　我々は常に賞賛を増やす。

婦人たちは，彼にある宝物を贈ろうとする [25]。

　1500 年にバーゼルで上演された謝肉祭劇『10 番目の昔の世』では，「子供の嘲笑」の対象となっている 90 歳の男性が，彼の青年時代を想起して，次のように言う [26]。

　　　私が若い日を考える時，

私は喜んで格闘と跳躍をした。
常に喜びを持って歌った，
年を取った私には考えられない。

　『温泉浴に関する良い教え』（最初は出版地と刊行年なしで印刷されたが，後
に 1504 年に印刷された。シュツットガルト文学協会版の第 30 巻 [27]を参照）では，
オーベル＝シュバーベンのバード・ヘルツオークバードが最も楽しい温泉と
して讃えられる [28]。誰かがここに来ると，

　　彼が金持ちであろうと，貧乏人であろうと，あるいは農夫であろうと，
　　繊細な者であろうと，粗雑な者であろうと。
　　僧侶，司祭，君主，伯爵，あるいは領主であろうと，
　　彼がだれであろうと，彼が来ると，
　　すべてのことが瞬時に分かる。
　　そこでは様々な巧みがなされる，
　　飲食，ダンス，跳躍，
　　石投げ，競走，剣術，格闘，
　　弦楽演奏，笛演奏，歌唱，朗読。
　　別の一人は多くのことを尋ねる，
　　お喋りをし，抱きつき，その他の戯れをする，
　　あらゆる楽しみを行うことができる。
　　野原と庭で楽しみ，
　　森の中で，泉の側で踊る。
　　誰も他人を憎まない，
　　聖職者が言うことを認める，
　　楽しく自由な気持ちで。

　『プフェニヒの格言』では，プフェニヒつまりお金が彼の権力を讃える。
彼は次のようにも言っている [29]。

　　私は見て，植え付けをし，跳躍し，踊る，

　私は意欲し，破り，トーナメントをし，シュテッヘンをする。

　私は裸になり，身に纏い，喜び，驚く，

　私はプフェニヒを与えることを喜び，

　弦楽を演奏する。

『あこがれ』という詩では，愛の伝達と説明の方法が語られる[30]。

　手を押し，足を踏む，

　相手を膝でこねる，

　頬にキスをし，胸を掴む。

　ラウテを演奏し，歌唱をし，笛を吹く，

　シュテッヘン，レネン，格闘，競走をする，

　教会開基祭でダンスと跳躍をし，

　たびたび話すために恋文を書く。

第 3 節　16 世紀の職匠歌より

　1556 年に作成された二つの職匠歌のうちの一つである『幸運について』は，夢の中の姿を描いている[31]。庭の石塀の所で，大きな車輪が回っている。幸運がある者は，庭に入って，この車輪に腰掛けることができる。庭の木々は，宝石と金をつけている。鳥たちは楽しげに歌い，動物たちは獲物を追跡することなく自由にあちこち飛び跳ねている。庭の住人たちの間には，いかなる痛みも支配していない。

　庭にいる人々には，

　あらゆる喜びと娯楽がある。

　レネンとシュテッヘンで，

　闘いとトーナメントで。

　ダンスと楽奏で，

　情事で，

　演奏と歌唱で。

13

剣術，狩猟，格闘で，
さまざまな跳躍で。
飲食とカードで，
あらゆる遊戯で，
そこでは欠けるものはなかった。

　もう一つの職匠歌では [32)]，ルンプスとレックスの兄弟が，「シャウラッフェンラント」から出て，野原を経て，魚取りと狩猟に赴く。

彼ら二人は緑の野原に来て，
騎士的に剣術を始めた。
ルンプスはレックスの尻に傷を与えた。
彼らは格闘をし，互いに遠くに跳んだ，
ルンプスは騎士的遊戯で最高をなした，
彼らが始めた事で，レックスは負けた。

　彼らはカモシカの後を追って，山の上まで登る。そこで，彼らは職匠の歌を歌って競争し，風笛とリュートを競争で演奏する。この非常に陽気な職匠歌の英雄たちは，多数の騎士的な「熟練」を行う。

第 4 節　H. ザックスの職匠歌より

　16 世紀には，身体運動は以前と同様になおもドイツ民族の財産であった。君主の宮廷では熱心にトーナメントが行われ，貴族の若者の教育でも昔のいわゆる騎士遊戯が完全に行われていた。市民と手工業者は，伝来の射手祭をさまざまな体育的な添え物競技と共に挙行し，特にマルクス兄弟と羽剣士というツンフト的な伝来の剣士制度を尊重していた。農村でも，村の住民にあらゆる種類の体育的な娯楽が欠けることはなかった。
　このようにして 16 世紀においても健全かつ旺盛に存続しているドイツの民衆体育については，ニュルンベルクの職匠歌人であるハンス・ザックスの詩が証言できるだろう。

　このニュルンベルクの詩人の創作は，総じて注目に値するのだろうか。これには，ハンス・ザックスのすべての知識が詩に反映しているのか，と問うことしかできない。

　　　ハンス・ザックスは靴屋で

　　　しかも，詩人であった。

　さらに，この嘲笑となるはずの詩においては，偉大なゲーテが既に認めているように [33)]，この年老いたマイスターに適切で完全な賞賛が与えられていた。彼は本当に詩人であり，言葉の最も美しい意味で詩人であった。そして，彼は手工業を決して誹謗しなかった。ハンス・ザックスの市民としての生業は，彼の詩の創作と彼の天賦の才に決して損害を与えなかった。彼の不滅さは彼の手工業にあるのではなく，彼の詩人としての才能と業績にあった。

　さて，この有能な職匠歌人は，体育文献の中にも登場するのか？G.ヒルトの『体育者のための読本』(1865) は，既に，ハンス・ザックスによるトーナメントと彼の時代の剣術に関する詩を印刷している [34)]。さらに，ハンス・ザックスが民衆の身体運動を注目に値すると見なしていたことをこれらの詩が証明しているように，遊戯と身体運動がしばしば言及されているのが見い出される。これらのことは，当時の体育術の範囲だけでなく，この体育術に対するこの詩人の正しい評価と彼の愛情を証明している。正に，ハンス・ザックスは，自ら報告しているように (1536 年 8 月 25 日の詩，『対話。ミューズの新しい贈り物』[35)])，彼の遍歴において若い男性として身体術を自ら経験していた。このことは，当時は，若い手工業者たちにとっては全く当然のことでもあった。というのは，ドイツ帝国のいたる地域に普及していたマルクス兄弟と羽剣士という剣士組合は，たいていは手工業者である剣士によって構成されていたからである。言うまでもなく，ハンス・ザックスの剣術の詩は [36)]，ある剣術師範に関する詩に完全に取り上げられている。すなわち，次の作品である [37)]。

　　　騎士の自由な術と皇帝の特権の由来に関する賛歌。ドレスデンの市民

であり，皇帝の特権を有する剣の師範であるクリストフ・レーゼナー。
1589 年。

私の著作『1573-1614 年のマルクス兄弟と羽剣士の 6 つの剣術興行』(1870)
の 46-58 頁には，C.レーゼナーのこの作品が印刷されている [38]。

　ハンス・ザックスは 1494 年 11 月 5 日にニュルンベルクで生まれ，1576
年に高齢で亡くなった。彼の父親は仕立屋であった。ラテン語やギリシャ
語さえも学んだ最初の勉学は，生まれ故郷の学校で行われた。彼は靴職人
としてほとんど全ドイツを遍歴し，世界と人間についての知識を求め，そ
して発見した。また，彼は自らの知識不足を埋めるべく本当に努力した。
正義と真実に燃える心によって，彼はまもなくルターの信仰の革新に従い，
詩に対する天分によってこの進歩のために働いた。

　ハンス・ザックスの「純血，快活，敬虔」[39]という言葉は，昔のドイツ
の活発で自由な体育術と体育愛について述べている。

　私は，1526 年 3 月 20 日から 1560 年 5 月 6 日までの成立年が記載され
た詩の中に，体育に関する 45 箇所を見つけた。私が利用したこの詩人の三
巻本はそれぞれ異なった時代に印刷されており，第一巻はニュルンベルク
で 1570 年に，第二巻は 1560 年に同じくニュルンベルク（1560 年 2 月 9 日
付の詩人の序言がある）で印刷されている [40]。

　私は既に 1866 年 10 月に発表したアーサー王についての詩に関する論文
と関連して [41]，ここで H.ザックスの詩から体育に関する若干の証拠を取り
上げる。

　ザックスの『間男ブルックとアーサー王』という詩は，1530 年 1 月 9 日
に作成されている [42]。この王はある時「宮廷」の開催を告示した。首都に
到来した騎士と婦人の客たちは，都市の前の平原で，絹のテントに住んだ。

　　そこでは，貴族たちをもてなすのが常であった，
　　もてなしの最高は飲食。
　　弦楽器を演奏し，
　　甘い歌を歌う。
　　食事の後は狩り場へ騎行する，

狩りをするために。
的に向かって石を投げ，
そのほか，騎士遊戯を行う。
競走，剣術，跳躍，
シュテッヘンと格闘。
歌いながらダンスも行う，
そのほか，仮装も行われる。

1534 年「復活祭後の日曜日」に完成した老人と若者の戦いに関する対話
では，次のように言われている [43]。

老人が若者に言った，君は退屈している，
座っているヘラクレスのように。
民衆みんなが楽しんでいる時に，泣いている，
君は不機嫌で不愉快そうに見える。
君は酔っ払いであるかのように，
精神は憂いに沈んでいる。
精髄が朽ち果てている（ソロモンが示したように），
それゆえ，何人も君を受け入れない。
私は多くの娯楽を楽しんだ，
競走，石投げ，跳躍，
巧みさと剣術と格闘，
闘いとシュテッヘンとトーナメント，
狩猟，遊戯，宮廷作法，
そり遊びと仮装，
ダンスと歌舞，
すべての娯楽を数え上げることができる。
若者は窮乏することなく生活し，
それらを限りなく楽しむ。

三人による劇である『出しゃばり』では，「忠実なエッカルト」が「出しゃ

ばり」の誘惑からある若者を守ろうとしている。そこでは，出しゃばりが
次のように言っている [44]。

　　　やあ，やあ，君は決してネズミではない，
　　　私について来たまえ，君を選んだから。
　　　善良で，楽しく，さわやかで，元気な君，
　　　彼らが始める娯楽，
　　　君は常にその先頭にいる。
　　　浅薄で，根気が良くとも，
　　　良いことと悪いことの間で揺れることが珍しく，
　　　人々には好ましくなる。
　　　君が戦争にすぐに引き込まれるかどうか。
　　　ここで行う騎士遊戯は，跳躍，
　　　戦い，剣術，競走，格闘，
　　　そうして，君は名前を挙げる。

　さらに，「出しゃばり」は「弩による」射撃，狩猟，「ボーデン湖」での
水泳，謝肉祭での「冠」（冠のような尖っていない金具を備えたトーナメント槍）
によるシュテッヘン，橇すべり，飲酒とダンスなどを勧め，最後には勝利
せんばかりであった。しかし，忠実なエッカルトも非常に警戒する。「良い
登山者でも（カモシカ猟では）落ちて死ぬ」ことがあり，「良い泳者でも，小
一時間もすると，溺れる」。

　鈍重な老人を嘆く対話では，65歳の誕生日である1559年11月5日の
朝まだベッドで休む詩人が，ますます衰え行くのを考えている [45]。彼の所
に歩み寄る「老人」が次のように言って，慰める。

　　　君はもはや競走し，格闘することはできない，
　　　狩りも剣術も跳躍もできない，
　　　的に向かって射撃も出来ない。
　　　このような多くの娯楽に，
　　　人々は時間を費やす，

今や本の中を散歩するだけである。

君が知らないことを学びなさい。そのような娯楽と余興が，青少年の身体運動が喜びであるように，君の理性を喜びに満ちたものにする。

　続いて，私はハンス・ザックスが作成年を示していない詩の中から 2 箇所を取り上げる。『安息日を破る人』という題名を持つ詩では，人間が安息日を守らない人として描かれている [46]。一人目は仕事で安息日を「破り」，二人目は商人の仕事である「代理店」で安息日を破る。

　　三番目は小売業で，
　　四番目は剣術と射撃と格闘で，
　　五番目は狩りと取引と跳躍で，
　　六番目は宮廷のダンスで，
　　七番目は賭博で，
　　八番目は飲食で，
　　九番目は神への冒瀆で。

　これと密接に関連しているのが，モーゼによって与えられた戒律を犯す人に対するモーゼの嘆きである [47]。

　　一部は売買で，
　　市場での競馬と競走で，
　　一部は排泄と散歩で，
　　一部は美食と宴会で，
　　一部はシュテッヘンと剣術と格闘で，
　　ダンスと狩猟と射撃と跳躍で，
　　一部は賭博で，
　　多くの安息を破る。

　『傭兵鑑』は戦闘の結果を述べている [48]。

何も見なかった，
結婚式もダンスも，
花束も冠も，
衣装合わせも宮廷作法も，
娯楽もトーナメントも。

　一般的に行われているさまざまな身体運動と遊戯に続くのが，ハンス・ザックスも考えている貴族と君主の若干の体育術である。最初の箇所は，ハンス・ザックスの時代に若い貴族の教育の場合に一般的に使用されていた運動についてである。次いで，君主の館と騎士の間で一般的に行われていた遊戯と体育的な娯楽が若干言及される。

　ハンス・ザックスは，ドイツの成長しつつある貴族が教育を終了するために外国に行く，という昔の風習についても知っている。この風習は，ほとんどの場合，よその宮廷に赴き，そこでより繊細な作法や世界と人間についての知識一般を獲得するためであり，騎士の身体術を他人から学ぶためであった。

　美しいマゲローネについての 7 幕の喜劇（1555 年 11 月 19 日作）では，若きプロヴァンス伯が両親に次のように頼んでいる [49]。

　　二年間私を行かせて下さい，
　　あちこちの国を見させて下さい。
　　君主の宮廷と王国を，
　　私はそこで次のことを学びたいのです。
　　名誉を求めて宮廷作法と騎士遊戯を，
　　その後ふたたび故郷に戻ります，
　　ここ，プロヴァンス国へ。

　なるほど，父親は彼に次のように答える。

　　我が愛する息子よ，
　　汝は名誉を求めて初めて外国に旅立つ，

　他の国で宮廷作法を学ぶために。
　というのは，騎士遊戯と宮廷作法を，
　多くの君主がここ我が宮廷で求めている，
　騎士と伯爵と貴族と一緒に。

しかしながら，両親は彼に一年間外国に留まることを許す。
　さらに，イギリスの国王アルギルルスの執事は，イギリスの海岸に逃亡する途中で乗船が難破しながら，波の中から救助された君主の息子ポンテュスを受け入れ，このことを国王に伝える（喜劇『ガリキア出身の王の息子ポンテュス』）50)。国王は，次のように返答をする。

　我が愛する執事よ，
　君は賞賛すべき善行をなした。
　ティブルト王は勇敢な男だった。
　彼はスペインでの戦争で，
　異教徒に対する，
　大きな名誉を手にした。
　私の他の紳士たちと一緒に，
　私と友好をも取り結んだ，
　私はそれを楽しもうと思う。
　ポンツムは彼の若干の息子に，
　宮廷に行かせた。
　他の若い君主たちと一緒に 51)，
　貴族としての次のような宮廷作法を学ぶ。
　狩猟，乗馬，レネン，シュテッヘン，
　剣術，格闘，槍術，
　そして他の騎士遊戯を，
　彼らのそのことに没頭する。
　それゆえ，我が愛する執事は，
　国王の息子ポンツムを私の所に寄越した。
　私は真面目に宮廷に赴いた。

一般的に，ハンス・ザックスの詩の多くの箇所が，君主の宮廷での体育術の奨励と，貴族の体育陶冶について述べている。本論文の最後に，この詩人の見解によれば君主の宮廷での廷臣の娯楽に属することに関する証拠を取り上げる。

　『温泉の中の皇帝ジュリア』という 1556 年 9 月 29 日に作成された喜劇の中で，皇帝の妃は次のように話している [52]。

> 我々は動物園から来た。
> そこでは，あらゆる種類の，
> 娯楽を野生の動物が行うのを見た [53]。
> 花の香りがする飾りをつけた，
> 乙女たちが歌い，
> 廷臣が跳躍をし，格闘をし，
> 石を投げ，ボールを打つ，
> 走り回り，柱を運ぶ [54]。
> 良い勇気を持っており，
> 五月祭で行うように，
> しばしば入ろうとする。

　皇帝が妃に約束したことは，彼女がそのような運動をしばしば観戦し，随員の中から騎士の一人である公爵に対して，次の日に皇帝夫婦を讃えるために騎士の槍を折ることを要求した。皇帝の妃は勝者に花輪を与えることを申し出る。

> 指輪と金の紐のついた，
> いかなる騎士遊戯も，私の好みではない。
> というのは，レネンとシュテッヘンそしてトーナメントが，
> 騎士を十分に飾るから，
> 貴族たちができるように。

　言うまでもなく，ハンス・ザックスが記述した宮廷の祝祭の場合，叙述

された身体運動の中でも本来のトーナメントが，あらゆる体育種目の中で
も特に貴族的で最も君主的な運動として，常に頂点をなしている。

注

1)（訳者注）Wassmannsdorff, K., Die Leibesübungen der deutschen Ritter im Mittelalter. In: Neue Jahrbücher für die Turnkunst, 1866, S. 194-207, 253-263.

2)（訳者注）Keller, A. von (Hg.), Erzählungen aus altdeutschen Handschriften.（以下では「Erzählungen」と略す）In: Bibliothek des Literarischen Vereins in Stuttgart,（以下では「BLVS」と略す）Bd. 35, Stuttgart 1855.

3)（訳者注）Keller, A. von (Hg.), Erzählungen, „Der Frouwen Truwe". In: BLVS, Bd. 35, Stuttgart 1855, S. 634-642, hier S. 636.

4)（原注）幅広い裾のある絹の紋章上着を着用した騎士。

5)（訳者注）Keller, A. von (Hg.), Erzählungen, „Ain Ander püch heb sich an". In: BLVS, Bd. 35, Stuttgart 1855, S. 460-462, hier S. 460.

6)（原注）buhudirten, turnierten, hurten, heurter (arietare)=stossen.（訳者注）ブフルトは騎士による馬上競技の一種で，殺傷力のない武器を持った非武装の騎士が二組に分かれて実施する演武である。Röthis/Prohl u. a. (Hg.), Sportwissenschaftliches Lexikon, Schorndorf, 2003[7], S. 623-625, hier S. 624. 他方，槍と甲冑で武装した騎士による馬上競技には，①二組の集団が戦う「トーナメント」，②相手を鞍から落とす単騎の戦いである「シュテッヘン」，③相手の特定部位を攻撃する単騎の戦いである「レンネン」などがある。Meyers Lexikonredaktion (Hg.), Meyers Taschen-Lexikon Geschichte. Bd. 6, Mannheim/Wien/Zürich 1989, S. 130.

7)（訳者注）出典個所を確認することはできなかった。

8)（訳者注）Keller, A. von (Hg.), Erzählungen, „Von dem Meygen". In; BLVS, Bd. 35, Stuttgart 1855, S. 615-623, hier S. 621-622. ただし，ヴァスマンスドルフは「抱き合っていた」(Mit armen schon vmfangen) と，「貴方，私は貴方に従わなければならないかしら」(Gesell, solt Ich folgen dir) までの 14 行の詩を，引用していない。

9)（訳者注）Keller, A. von (Hg.), Fastnachtspiele aus dem fünfzehnten Jahrhundert,（以下では「Fastnachtspiele」と略す）„Zu Nördlingen dye keyser wiesen". In: BLVS, Bd. 30, Stuttgart 1853, S. 1352-1355, hier S. 1352-1353.

10)（訳者注）「バルヘント布」(Barchent) とは，縦糸に亜麻糸を，横糸に木綿糸を使った織物である。Deutsches Wörterbuch von Jacob und Wilhelm Grimm. Bd. 1, München 1984, S. 1125.

11)（原注）いわゆるシャルラッハ・レネン（Scharlach rennen）の場合と同様に，戦

闘の描写の際にしばしば出てくる表現は，次のような言い回しである。「勝者たちは敗走する敗者たちと競走を行う。」(die Sieger machen mit den davon laufenden Besiegten gewissermassen ein Wettlaufen.)。(訳者注)「シャルラッハ・レネン」とは「深紅の布」（シャルラッハ）を賞品とした競走のことである。

12) （訳者注）Keller, A. von (Hg.), Fastnachtspiele, „Ein Hubsch Vasnachtspil". In: BLVS, Bd. 28, Stuttgart 1853. S. 219-223, hier S. 222.

13) （訳者注）Keller, A. von (Hg.), Fastnachtspiele. In: BLVS, Bd. 30, Stuttgart 1853, S. 1076.

14) （訳者注）Keller, A. von (Hg.), Fastnachtspiele, „Ein Hubsch Vasnachtspil". In; BLVS, Bd. 28, Stuttgart 1853, S. 219-223, hier S. 222.

15) （訳者注）Keller, A. von (Hg.), Ibid., S. 252-257, hier S. 252, 257.

16) （訳者注）「護送権」（Geleit）とは，「暴力的な脅威から旅行者を守るための護衛」を意味し，「旅行者は武装した従者によって，旅路での盗賊や襲撃から守られた」。Meyers Taschen-Lexikon Geschichte. Bd.2, Mannheim/Wien/Zürich 1989², S. 232.

17) （訳者注）Keller, A. von (Hg.), Fastnachtspiele, "Ein Hubsch Spil". In: BLVS, Bd. 28, Stuttgart 1853, S. 264-268, hier S. 266.

18) （訳者注）Keller, A. von (Hg.), Fastnachtspiele, "Ein Spil". In: BLVS, Bd. 28, Stuttgart 1853, S. 274-276, hier S. 276.

19) （訳者注）Keller, A. von (Hg.), Fastnachtspiele,"Ain Vasnachtspil von denen, die sich die Weiber nerren lassen". In: BLVS, Bd. 28, Stuttgart 1853, S. 283-287, hier S. 284-285.

20) （訳者注）Keller, A. von (Hg.), Fastnachtspiele, "Gar ain Hupsches Vastnachtspil von Sibenyechen Pauern, wie sich ieglicher lobt". In: BLVS, Bd. 28, Stuttgart 1853, S. 342-350, hier S. 343.

21) （原注）「巧みさ」（Geradigkeit）は，「体育的な巧みさ」（Geschichklichkeit）に関する包括的な表現である。

22) （原注）昔の剣術用語では，「デッゲン剣術」（Degenfechten）はドルヒ剣術（Dolchfechten）を意味する。（訳者注）「ドルヒ」は，両手で扱う「剣」（Schwert）に対して，片手で扱う一種の短剣である。第2章の注9)を参照されたい。

23) （訳者注）Keller, A. von (Hg.), Fastnachtspiele, "Die Verdient Ritterschaft, Spil". In: BLVS, Bd. 28, Stuttgart 1853, S. 359-64, hier S. 362-364.

24) （訳者注）Keller, A. von (Hg.), Fastnachtspiele, „Ein Vasnachtspil von den siben Meistern". In: BLVS, Bd. 29, Stuttgart 1853, S. 740-745, hier S. 743-744.

25) （訳者注）Keller, A. von (Hg.), Ibid., S. 745.

26) （訳者注）Keller, A. von (Hg.), Fastnachtspiele, „Ein Vasnachtspil von den siben

Meistern". In: BLVS, Bd. 29, Stuttgart 1853, S. 1026-1055, hier S. 1050.

27)（訳者注）Keller, A. von (Hg.), Fastnachtspiele. In: BLVS, Bd. 30, Stuttgart 1853, S. 1248.

28)（訳者注）Keller, A. von (Hg.), Fastnachtspiele, „Lere von den Paden". In: BLVS, Bd. 30, Stuttgart 1853, S. 1248-1265, hier S.1263.

29)（訳者注）Keller, A. von (Hg.), Fastnachtspiele, „Ein Spruch von dem Pfennig". In: BLVS, Bd. 30, Stuttgart 1853, S. 1183-1186, hier S.1184.

30)（訳者注）Keller, A. von (Hg.), Fastnachtspiele, „Die Seen Sucht". In: BLVS, Bd. 30, Stuttgart 1853, S. 1282-1288, hier S.1285.

31)（訳者注）本文で言及されている職匠歌は，次の通りである。Gödeke, K. und J. Tittmann (Hg.), Deutsche Dichter des sechzehnten Jahrhunderts. Leipzig 1867, Bd. I, Liederbuch aus dem sechzehnten Jahrhundert, IV. Meisterlieder, S. 317-388, 9. Vom glück. In den unbekanten ton, S. 379-383, hier S. 380.

32)（訳者注）Gödeke, K. und J. Tittmann (Hg.), Ibid., 10. Lumpus und Leckus, S. 382-383, hier S. 382.

33)（訳者注）Goethe, J. W. von, Hans Sachsens poetische Sendung. (1776). In: Johann Wolfgang von Goethe, Berliner Ausgabe, Poetische Werke, Bd. 2, Berlin 1960, S. 68-75, 571-572.

34)（訳者注）Hirth, G. (Hg.), Das gesamte Turnwesen. Ein Lesebuch für deutsche Turner. 133 abgeschlossene Muster=Darstellungen von den vorzüglichsten älteren und neueren Turnschriftstellern. Leipzig 1865, H. Sachs: Ursprung und Ankunfft des Thurniers, S. 810-818.

35)（訳者注）原文の「Gedichte vom 25. August 1536 „Ein Gesprech. Die neun Gab Muse"」の出典を確認することは，できなかった。

36)（訳者注）Sachs, H., Der fechtspruch. Ankunft unnd freyheyt der kunst. In: Keller, A. (Hg.), Hans Sachs: Werke, Bd. 4, Tübingen 1870, S. 209-215.

37)（原注）我々の詩人の特色に関する素晴らしい描写は，W.ヴァッカーナーゲルの『文学史』(Basel, 1848, S. 404 ff.) に見いだされる。（訳者注）本文におけるレーゼナーの詩のドイツ語タイトルは次の通りである。Ehren Tittel vnd Lobspruch der Ritterlichen Freyen Kunst der Fechter, auch jhrer Ankunft, Freyheiten vnd Keyserlichen Priuilegien, etc. Gestellet durch Christoff Rösener, Bürger in Dressden vnd durch Keys: May: Freyheit, Meister des Schwerts. Anno 1589. レーゼナーの詩に関しては第 3 章（42 頁）を参照されたい。Wackernagel, W., Geschichte der deutschen Literatur: Ein Handbuch. Basel 1848.

38)（訳者注）本文におけるドイツ語タイトルは次の通りである。『Sechs Fechtschulen

der Marxbrüder und Federfechter aus den Jahren 1573-1614 etc., Heidelberg, K. Groos』この著作については，本訳書の第 3 章を参照されたい。

39）（原注）ピションの 1856 年の『ドイツ文学史入門』は，ザックスのことを「信じがたい程の博学，純血，快活，敬虔」と呼んでいる。（訳者注）Pischon, F. A., Leitfaden zur Geschichte der deutschen Literatur. Berlin 1830, S. 28. ヴァスマンスドルフは 1856 年版の 87 頁から引用している。

40）（訳者注）ハンス・ザックスによるこの 3 巻本を確認することはできなかった。

41）（訳者注）Wassmannsdorff, K., Die Leibesübungen der deutschen Ritter im Mittelalter. In: Neue Jahrbücher für die Turnkunst, 1866, S. 194-207, 257-263, hier S. 198.

42）（訳者注）Keller, A. von, Hans Sachs, Bd. 2, „König Artus mit der Ehbrecher Bruck“. In: BLVS, Bd. 103, Tübingen 1870, S. 262-267, hier S. 264. 原文では，この詩の出典が「I 巻 173 頁」（I, 173）と記載されている。

43）（訳者注）Keller, A. von, Hans Sachs, Bd. 4, „Kampffgesprech. Das alter mit der jugend.“ In: BLVS, Bd. 105, Tübingen 1870, S. 31-59, hier S. 44-45. 原文では，この詩の出典が「I 巻 370b 頁」（I, 370b）と記載されている。

44）（訳者注）Keller, A. von, Hans Sachs, Bd. 7, „Ein spil mit dreyen personen und heyst der Fürwitz“. In: BLVS, Bd. 115, Tübingen 1870, S. 183-201, hier S. 188, 190, 191, 192. 原文では，1538 年 7 月 12 日に作成されたこの詩の出典が「II 巻 48 頁」（II, 48）と記載されている。

45）（訳者注）この対話の出典を確認することはできなかった。原文では，この詩の出典が「II 巻 54b 頁」（II, 54b）と記載されている。

46）（訳者注）Keller, A. von, Hans Sachs, Bd. 1, „Der sabatbrecher“, In: BLVS, Bd. 102, Tübingen 1870, S. 192-194, hier S. 193. 原文では，この詩の出典が「I 巻 44b 頁」（I, 44b）と記載されている。

47）（訳者注）この対話の出典を確認することはできなかった。原文では，この詩の出典が「III 巻 255b 頁」（III, 255b）と記載されている。

48）（訳者注）この対話の出典を確認することはできなかった。原文では，この詩の出典が「I 巻 328 頁」（I, 328）と記載されている。

49）（訳者注）Keller, A. von, Hans Sachs, Bd. 12, „Comedi mit 19 personne, die schön Magelona, unnd hat 7 actus“. In: BLVS, Bd. 140, Tübingen 1879, S. 451-487, hier S. 453.

50）（訳者注）Keller, A. von, Hans Sachs, Bd. 13, „Comedia mit 13 personen: Pontus, eins königs sohn auß Galicia, mit seiner schönen Sidonis, eins königs tochter zu Britania, unnd hat 7 actus“. In: BLVS, Bd. 149, Tübingen 1880, S. 378-426, hier S. 381-382. 原文では，1558 年 1 月 17 日に作成されたこの詩の出典が「III 巻第 2 部 246b 頁」（III. Buch, 2. Th., Bl. 246b）と記載されている。

51)（原注）有力な家族の息子たちは，君主の息子たちと一緒に共同で教えられる。彼らは若い君主の「遊び仲間」であり，「体育仲間」である。

52)（訳者注）Keller, A. von, Hans Sachs, Bd. 13, „Comedia, mit 9 personen zu agiern: Julianus, der kayser, im badt und hat 5 actus". In: BLVS, Bd. 149, Tübingen 1880, S. 110-141, hier S. 134-135. 原文では，この詩の出典が「III 巻第 2 部 183b 頁」（III. 2. 183b）と記載されている。

53)（原注）私は「ドイツ体育新聞」における「着衣跳躍」（1864）という論文の中で，このことに関する証拠を提出した。つまり，我々のドイツの詩人は体育の喜びと技能を動物にも与え，「動物の結婚式」でも競走と見世物の体育なしでは考えられなかった。そうして，ハンス・ザックスは詩『150 の鳥の支配』（1531, I, 426）の中で，鳥族の国王の選出が重要であることを取り扱っている。ここでは，この詩についてだけ言及される。（訳者注）Wassmannsdorff, K., Das „Kleidspringen" und das „Gürtel=springen" früherer Zeiten. In: Deutsche Turn-Zeitung, 1866, S. 242-243. ザックスの出典を確認することはできなかった。

54)（原注）「Der paer（Barre）gelouffen」は，「Die Barre laufen」あるいは「das Barrlaufen」が正しい（「Barlaufen」ではない）。「棒運び」（Stangentragen）は肩で行われるのか，あるいは私が 1864 年に「ドイツ体育新聞」で説明した昔の「棒投げ」（Stangenschieben），つまり両手で柱を垂直に上下に「揺り動かす」（Fortschleudern」ことになるのかどうか。（訳者注）Wassmannsdorff, K., Kleinere Mittheilungen. (2. Das „Stangenschieben" des Mittelalters und über Werfen mit Eisengeräthen in älterer und neuerer Zeit.) In: Deutsche Turn-Zeitung, 1864, S. 388-390, 401-405.

第2章
ヴィッテルスバッハ家出身の君主の身体運動

図2　ミュンヘンでのトーナメント（1500年）

「我々の体育は決して新しい事柄ではない」
ある学校人による体育制度に関する最新論文
アイゼナッハ（1818, 9頁）[1]

　近世以来の体育を復活させようという F. L. ヤーンの要求は，ドイツの身体運動の歴史によって正しい光が当てられた。1811年にベルリンのハーゼンハイデに開設された体育場に先だって，1809年にはプロイセン国のブラウンスベルクに公共の体育場が開設されていた。この公共の体育場は，より良く教育された世代が祖国のフランスへの屈従から再び立ち上がるだろう，ということを期待した愛国者の創作であった。既に1805年には，当時はまだプロイセン国に属したエアランゲン大学に，国王の許可を得て最初の大学＝体育施設が設置された。1807年の夏，ヤーン自身は「真の愛国者」であるグーツムーツがいるシュネッペンタールにいた。1808年，ヤーンはグーツムーツの『体育書』（1793年と1804年）を，この本は「我々」にとっては「卓越した教科書」である，と讃えた[2]。我々は既にヤーンの体育以

前に，グーツムーツが受け継ぎ，いっそう発展させたような体育が存在していた，ということも知っている。それは，デッソウの汎愛学校において青少年の身体＝教育のために，昔から伝えられる「騎士運動」を越えて，器具と運動で工夫され，実施されていたような体育である。

　しかし，1774 年に創設されたバゼドウの汎愛学校における体育奨励のはるか以前にも，ドイツには一種の学校体育が存在した。君主と貴族の青少年のための騎士学校と貴族学校では，既に体育が行われていた。つまり，特別の「訓育＝師範」が乗馬，剣術と跳馬（フォルティギーレン），ダンス，「空気入りボール」を使った遊戯のような（昔の「球戯館」における）球戯を教えた。もちろん，訓育師範は騎士的な槍的突き，銃と弩の射撃，徒歩トーナメント，競走，格闘，ダンスも教えた 3)。

　貴族身分の者に精神と身体の陶冶を行うドイツにおける最初の教育施設は，知られている限り，1575 年にプファルツ選帝侯フリードリヒ 3 世によって，以前の選帝侯の司教区であるゲルメルスハイムにあるゼルツに創設された。この「騎士学校」の目的は，若い貴族が教会と国家のために奉仕する準備をするために，宗教，学問，良い風習，そして騎士的な運動を教育することであった 4)。

　貴族学校における「騎士的＝宮廷的な訓育」は，明らかに，ドイツにおいても身体運動を欠くような君主と貴族の青少年教育は考えられない，ということを示唆している。既に，ゲルマンの太古以来，若い貴族は体育をしていた。『エッダ』に出てくる「リグスマル」の若々しい「ヤール」は，既に「楯を振り，弦を巻き，弓を曲げ，矢を尖らせ，槍を投げ，長槍を押し出し，雄馬を乗りこなし，犬をけしかけ，剣を振り回し，海峡を泳ぎきる」ことを学んだ 5)。さまざまな体育種目が知られており，それらは『騎士鏡』に至るまでの古高地ドイツ語と中高地ドイツ語の詩が英雄の教育を語る際に挙げられている 6)。それらについては，ドレスデンで刊行されている「新体育年鑑」の 1866 年と 1879 年における私の報告を言及するに留めておく 7)。

第1節　ヴィッテルスバッハ家のルードヴィッヒと
フリードリヒの体育

　ここでは，詩ではなく歴史における君主の体育に関する若干の例証を，しかもヴィッテルスバッハ家の君主の体育を報告することにする。我々の報告が狭く限られているとしても，我々の体育が新しい事柄でない，という言葉を確認するには，それで十分である。

　最初に，ドイツで最初の貴族学校の創設者であるプファルツ選帝侯フリードリヒ3世の祖先について述べておこう。プファルツ選帝侯国は，この国を支配したヴィッテルスバッハ家の分家によって版図を大きくした。この国にとっては，選帝侯ルードヴィッヒ4世も誇りであった。この君主は1437年から統治し，25歳を全うする前の1449年に死亡した。

　ライン宮中伯フリードリヒ勝利王の偉業について，1469年に M. ベーハイムが書いた韻文による年代記は [8)]，ルードヴィッヒ4世を次のように讃えている。

　　　ルードヴィッヒ・プファルツ伯は，
　　　　敬虔であるだけでなく，神に仕えることに熱心だった。
　　　　しかし，彼は騎士遊戯を学ぶために，
　　　　熱心に練習した。
　　　　多大な熱意と愛着を持って，
　　　　この騎士遊戯を行った。
　　　彼はあらゆる種類のことを行った。
　　　　トーナメントでの乗馬，
　　　　槍を突く，槍を折る，跳躍，疾走，
　　　　格闘，徒歩と騎馬での剣術をした。
　　　　そして，戦闘のためにしなければならない
　　　　他の真面目なことを行った。
　　　彼はすべてのことに熱心だった。
　　　　彼はダンスをし，槍を突いたが，
　　　　ふざけたことも行った。

　しかし，神に仕えることを忘れず，

　　敬虔に祈った。

　　彼は常に祈った。

　ルードヴィッヒ4世の兄弟であるフリードリヒは，1448年7月14日に
生まれた甥であるフィリップの後見人であった。フリードリヒは（1452年
1月15日には）彼を養子にし，この時からプファルツ選帝侯になった。彼こ
そベーハイムの脚韻詩の本来の英雄である。

　フリードリヒ勝利王の広範な教育史の中から，ベーハイムによる詩をい
くつか取り出すことにしよう。

　　我がフリードリヒは

　　　髭のない子供の時からずっと

　　　非凡であり，分別があった。

　　　青年になると

　　　このフリードリヒに匹敵する

　　　青年は誰もいなかった。

　　そして，誰よりも君主らしかった。

　　　全く，あらゆる機敏さと

　　　あらゆる動きにおいて

　　　同様に，強い体の持ち主であった。

　　　力強く格闘し

　　　早く走り，跳んだ。

　　必要とされる騎馬と徒歩での

　　　短剣と長剣の扱いを学んだ[9]。

　　　石や柄を投げることを

　　　全力で練習した。

　　　あるいは，若者が行うような

　　　その他の運動を。

　フリードリヒほど賢明で，強く，敏捷な者はいなかった。若い王に競争

を申し込んでも，誰も彼には勝てなかった，とベーハイムは付け加えている。さらに，ベーハイムは馬上単騎槍試合と他の馬上槍試合，狩猟，将棋におけるフリードリヒの有能さを強調している。

　　この時代に多くの時間が費やされたのは，
　　　　王が騎士遊戯や
　　　　戦場で必要となる他の運動，
　　　　人がしなければならないような
　　　　真面目な事柄を学ぶことであった。

　この詩からは，真剣な戦闘の準備のための運動が，以前に行われていた一般教養的な体育運動の一種の補完とみなされている，ということが分かる。ベーハイムの詩は，他のあらゆる「宮廷作法」，すなわち例えば弩の巧みな使用や唱歌などの宮廷的な「謙虚さ」における完全性と並んで，王の卓越した乗馬を，ふさわしい讃美で強調している。

　　フリードリヒ勝利公は
　　常に，格闘や
　　跳躍と剣術
　　あらゆる戯れの運動で
　　常に名声を得ている。

そして，彼は

　　　彼の自信に満ちた息子を
　　　天気の良い時はいつも
　　父親らしく昼も夜も
　　教育し，有能にした。
　　　彼が永遠に
　　　この領地を繁栄させるように
　　　善のため，有用さのため，名誉のために

いつまでも続く防衛のために。

　このように，フリードリヒ選帝侯は，自らが堪能であり完全であった体育種目を，養子である甥の教育から決して遠ざけることはなかった。

第2節　バイエルン公クリストフの体育

　1448年7月14日生まれのプファルツ伯フィリップは，1476年から1505年まで選帝侯であった[10]。彼は1474年にバイエルン・ランデスフート公ルードヴィッヒ9世の娘であるバイエルンのマルガレータと結婚した。このフィリップは，ミュンヘンにある「古城」の通路の壁に書かれた詩におけるあの「跳躍者フィリップ」でもある。この詩について，私はその正確な模写を1864年の「ドイツ体育新聞」で報告した[11]。この詩によれば，1490年，壁走りに二人の君主と一人の騎士が参加した。この壁走りでは，壁に打ち付けられた釘を，前に伸ばした足で打ち落とすことが問題であった。プファルツ伯フィリップの釘は，優に9フィート半の高さがあった。「クンラート」は，地面から10フィート半の高さにある釘まで走った。バイエルン公クリストフは，壁を12フィート駆け上がった。しかし，碑銘は昔の体育種目である石投げについては言及しているのに対して，壁走りについてはこれ以外には何も述べていない[12]。通路上にあり，1838年以後ようやく鉄のベルトで固定された364ポンドの石に関して，この碑銘はクリストフ公がこの石を地面から持ち上げ，遠くに投げた，と述べている。どれほど遠くへ投げたのか，残念ながら分からない。

　U.フュットラーの年代記は[13]，クリストフの兄弟である1463年生まれのヨハネス公について，次のように讃えている。ヨハネス公は賢明で，勇敢で，誠実な君主であり，「卓越したレンナー（トーナメント戦士）であり，良い格闘者であり，良い強者」であった[14]。この年代記は，特に好んで，クリストフ公の体育技能と力について長々と述べている。公は，

　　勇敢で大胆な君主である。体を鍛えており，あらゆることに全く巧みであり，慈悲深く，自ら贈り物をする君主である。また，格闘，跳

躍，馬上槍試合，競馬に親しみ，戦場では他の誰よりも騎士的に振る
舞い，賞賛される君主である。

　クリストフ公と同じような君主は，この時代，ドイツにもイタリアにも
いないだろう。さらに，公はこの時代の最も騎士的かつ有名な君主であり，
狩猟では熊捕の名手であった。彼は好んで熊を捕まえた。

　　かつて公が兄弟のアルブレヒト公と一緒にローマに滞在した時，イ
　　タリア人は彼の挙動と跳躍を見て全く驚いた。公はしばしば馬を跳び
　　越えた。

　もちろん，クリストフ公は生きた馬の上を，横から（現代の体育靴も跳躍
板もなしに！）跳び越えた。フュットラーの年代記は，クリストフの名を高
めたトーナメント，つまり戦争経験豊かで強壮なポーランド人とのトーナ
メントについても述べている。この年代記は，クリストフがシュツールヴァ
イセンブルクという都市[15]の前にいたローマ国王マクシミリアンの軍隊に
おいて，どのように振る舞ったか，ということを伝えている。その箇所を
今日の言葉に置き換えて引用しよう。

　　クリストフは馬から跳び降りて，一人の傭兵を（両手で持った）スイ
　　ス式の槍で突き，歩兵たちが歩きだした。しっかり走れ，愛する兄弟
　　たちよ，私に続け。そうして，堀まで走り寄り，城壁を跳び越えた。
　　その後に歩兵全員が続き，槍で水を跳ね飛ばし堀を越え，城壁にたど
　　り着いた。大砲のような「武器」が据え付けられ，門を砲撃した。ク
　　リストフ公と歩兵たちは，都市の民衆と一緒に城壁を攻撃し，街路を
　　通って城門に到達し，騎士たちを助け，こうして都市を占領した。

　驚くべきことは，この勇敢な君主が「兄弟であるアルブレヒト公と不和
になった時」，彼に対して戦いを，つまり彼らの訴訟と主張に関する神明裁
判として，公開での法的決闘を申し込んだことである。
　この無骨で繊細なバイエルンの君主は，1493年秋イエルサレムからの「帰

途」にロードス島で死去したが，市民の「公開射撃大会」に参加し，昔の
射撃大会で行われた競技に自ら参加することをも拒否しなかった。
　クリストフ公は兄弟のヴォルフガングと一緒に，1470 年にアウグスブル
クで行われた弩射撃大会を訪問した [16]。ここでも，射撃競技をした後の夕
方，射手たちの競技が開催され，最初に 350 歩の距離の競走が催された。

　　　バイエルンの殿様であるクリストフ（若干 21 歳で，痩せた姿）が一緒
　　　に走った。彼は他の誰よりもはるかに速く走り，4 グルデン相当の金
　　　の指輪である賞品と旗を獲得した。

　彼は射手による跳躍でも同じ賞品を獲得した。この跳躍では，各人は「片
足で 3 回の跳躍を，それから両足で 3 回の跳躍をし，2 歩走った」。J. A.アダ
ムは，この弩射撃大会の「公開競技」でも開催された石投げについては
言及していない [17]。この石投げでは，恐らくクリストフ公が参加しなかっ
たために，騎士のツアウンリードが優勝した。昔の射手祭における「公開
競技」の実施方法については，バイエルン公ウイルヘルム 4 世が訪れた 1509
年の射撃大会に対する 1508 年のアウグスブルクの告示が詳細に説明して
いる。この競技に参加する射手は，45 ポンドの重さの石を 3 回投げなけれ
ばならない。競走路は，この時も 350 歩の長さである。射手祭に参加した
者による跳躍に関して，招待状は次のように述べている [18]。

　　　・・・射手の中で，助走して片足での跳躍を 3 回行って，最も遠くに跳
　　　んだ者が，2 番目の賞金である 4 グルデンを獲得する。・・・射撃仲間の
　　　中で，助走して両足で最も遠くに跳んだ者が，最後の賞金である 4 グル
　　　デンを獲得する。

　既に 1461 年に，ある格言が「ミュンヘン公クリストフの体」を讃えてい
る [19]。これより新しい時代に作成された 45 頁強の「民衆本」である『バ
イエルン公クリストフの冒険生活，驚嘆すべき武勲，ロードス島での死去』
は [20]，勇敢な騎士であり熟練した体育家であるクリストフへの記憶を民衆
の中に呼び起こそうとしている。

第 3 節　選帝侯フィリップの体育

　壁走りと，もちろん石投げにおいてミュンヘンでのクリストフの体育仲間であるプファルツ伯フィリップの体育について分かることは，クリストフについてよりも格段に少ない。

　選帝侯フィリップ（1476-1508）が，青年期に当時のあらゆる体育種目を学び，練習したことは明白である。というのは，体育は君主教育に必要な構成要素をなしていたからである。同時代の人にとって，フィリップは有能な戦士であり，トーナメントに熟達した騎士と見なされていた。彼は「高貴で聡明な君主であり，騎士的な運動に熟達し，有能なトーナメント戦士であり，しかも教養があった」21)。

　フィリップの剣術における訓練と，剣術に対する愛着については，次のような証言がある。ニュルンベルクの剣術師範であるヨハネス・レックヒナーは，「メッサー剣術」という昔の術を新たに取り上げ，この術の内容を豊かにしていた。彼はいわゆる剣術＝「広告」を自ら詩によって作成し，しかも 1478 年にこれを「フィリップ公」に献呈した。1478 年 7 月 2 日に，フィリップ公の妻であるバイエルンのマルガレータは王子を生んだ。レックヒナーはこの機会を利用して，メッサー剣術に関する彼の作品を「ラインプファルツ伯にして選定侯であり，バイエルン公であるフィリップ閣下」に献呈した。彼はラテン語による結論において，フィリップ公の剣術を次のように讃えている 22)。

　　　公は貴族たちの中で（君主に関係する）武器の扱いを最も適切に身につけており，術でも実践でも確かである。

　レックヒナーは，この君主にメッサー剣術の訓練を申し出た。というのは，彼は「他の多くの術に熟達している」からであり，さらに「剣術の才能を明晰にし，自らの身体を優れたものにするため」である。最後に，レックヒナーは，選帝侯が「身体をここで」訓練するだけではなく，敢えて対抗しようとするゴリアテとヘクトールを確実に地面に投げ飛ばすことを，期待している 23)。

　身体運動がドイツにおいても君主の教育に決して欠けてはいなかったという事実を，さし当たり疑問の余地のないものにするためには，ヴィッテルスバッハ家の若干の君主に関する教育史から得られるこれらの例証で十分であろう。もっと詳細な論証は，別の機会のために残しておこう。

　しかし，体育に熟達した君主たちは，決して死滅してはいない民衆体育の友人であり，保護者でもあった。ヴィッテルスバッハ家の君主の内，先に挙げたように，クリストフ公は自ら射手として競技に参加した。1544 年にハイデルベルクで開催された弩射撃大会には，「ラインプファルツ伯でありバイエルン公」であるフリードリヒ 2 世選帝侯が，個人的に射撃競技に参加した。この有名な体育家がこの大会の「石投げ」でも競技者として登場したかどうか，ということは分からない 24)。

　最後に，バイエルン公クリストフと同時代の人々の間で，君主たちは後に戦闘で証明できるように体育で有能になるべきである，という見解がいかに自明なことであったかということを示すのは，クリストフの一番下の弟であるヴォルフガング公に関するフュットラーの年代記からの言葉である 25)。そこでは，次のように言われている。なるほどヴォルフガングは，

　　　兄であるアルブレヒトと同じように長身であり，大きな体をしていた。しかし，彼は不精者であり，非凡でもなく，好んで城に一人でおり，穏やかに住んでいる。彼は戦争では何もしない。

　この体育とトーナメントを恐れる君主は，城の中で，騎士的でない柔弱に関する昔の表現である「無為に過ご」していた。年代記作者はこの君主の「振る舞い」を，このように嘲笑している。

注

1)（訳者注）引用の出典を確認できなかった。しかし，「イエーナ一般文学新聞」の「補遺」に，本論文の書評が掲載されている。Eisenach, B. B., Neueste Schrift über das Turnwesen von einem Schulmann. In: Ergänzungsblätter zur Jenaischen Allgemeinen Literatur-Zeitung, 1820 (Nr. 12), S. 92.

2)（訳者注）GutsMuths, J. C. F., Gymnastik für die Jugend. Enthaltend eine Praktische Anweisung zu Leibesübungen. Schnepfenthal 1804(1793). 本書に対する

ヤーンの賞賛の出典を確認することは，できなかった。なお，ドイツにおける近代体育（学校体育と社会体育）の成立に関しては，次の文献が最も重要である。成田十次郎，近代ドイツスポーツ史Ⅰ　学校・社会体育の成立過程，不昧堂出版，1977 年。

3)（原注）チュービンゲンに 1594 年に開設された「Collegium Illustre」に関する「ドイツ体育新聞」（1870, Nr. 7. und 8.）における私の報告を参照。後の時代には，「騎士運動」は乗馬，剣術，跳馬，ダンスだけであった。（訳者注）Wassmannsdorff, K., Deutsches Schulturnen vor Basedow, oder: Die Turnübungen der beides ältesten deutschen Adelsschulen. In: Deutsche Turn-Zeitung, 1870, S. 33-40, 41-42.

4)（原注）「ドイツ体育新聞」（1870）の 36 頁を参照。残念ながら，この学校は既に 1577 年に解散した。（訳者注）注 3)を参照されたい。

5)（原注）Dr. B. Werneke: Das eddische Rigsmal. Programm des Gymnasiums zu Deutsch= Crona von 1857, S. 8 und 17.（訳者注）Werneke, B., Das eddische Rigsmal nebst Uebersetzung und Erläuterungen. Jahresbericht über das Königliche Katholische Gymnasium in Deutsch-Crone. 1856/57.『広辞苑』（第 7 版，岩波書店，2018 年，329 頁）によれば，「エッダ」は「9〜13 世紀に古アイスランド語で書かれたゲルマン神話を主な内容とする。天地創造，神と巨人族との闘争を主な内容とする」。谷口幸男，エッダ−古代北欧歌謡集−，新潮社，1973 年。

6)（訳者注）J.ローテによる 15 世紀初頭の『騎士鑑』によれば，騎士が身につけるべき「7 つの敏捷」は(1)乗馬，(2)水泳，(3)射（弓，弩，銃），(4)登（梯子，綱），(5)トーナメント,(6)剣術と格闘,(7)食事作法・ダンス・宮廷作法・盤上遊びである。Neumann, H. (Hg.), Johannes Rothe. Der Ritterspiegel. Halle/Saale 1936, S. 71-73.

7)（訳者注）Wassmannsdorff, K., Die Leibesübungen der deutschen Ritter im Mittelalter. In: Neue Jahrbücher für die Turnkunst, 1866, S. 194-207, 253-263; Ders., Die Leibesübungen der deutschen Ritter, des Bürger- und Bauernstand im 15. und 16. Jahrhundert. In: Neue Jahrbücher für die Turnkunst, 1879, S. 153-160, 193-200. 後者の論文については，本訳書の第 1 章を参照されたい。

8)（原注）詩中の「ふざけたこと」（schimpfliche Sache）は，生きることの「まじめさ」（Ernst），つまり戦争のための訓練に対立することである。ハイデルベルク大学記念祭のために刊行した私の次の本を参照されたい。Die Erziehung Friedrichs des Siegreichen, Kurfürsten von der Pfalz. Aus Michel Beheims Reimchronik. Heidelberg (K. Groos) 1886, S. 36.（訳者注）Beheim, M., Pfälzische Reimchronik. Heidelberg 1471/1474. In: Universitätsbibliothek Heidelberg, Cod. Pal. Germ. 335. ヴァスマンスドルフによるベーハイムの年代記からの引用に関しては，他の引用も含めて，引用箇所を確認することはできなかった。

9)（原注）昔の剣術用語の「短剣」（tegen, degen）は，ドルヒ（Dolch）のことである。「剣」（Schwert）は両手握りであった。馬に乗っての剣術も学ばれた。（訳者注）本

訳書の第 1 章の注 22)を参照されたい。

10)（訳者注）ヴァスマンスドルフはフィリップの没年を「1503 年」としているが，「ド
　　イツの伝記」（Deutsche Biographie）によれば「1508 年」である。「ドイツの伝記」
　　は，「バイエルン科学アカデミー歴史委員会」（Historische Kommission bei der
　　Bayerischen Akademie der Wissenschaften）によって，2020 年よりインターネッ
　　ト上で提供されている人物辞典である。URL: https://www.deutsche-biogphie.
　　de/ueber. (2021.12.27)

11)（訳者注）Wassmannsdorff, K., Kleine Mitteilungen. In: Deutsche Turn-Zeitung,
　　1864, S. 401-405, hier S. 404. 本訳書の第 7 章を参照されたい。

12)（原注）マスマンによれば，この碑銘はせいぜい 17 世紀末に由来する。既に 1524 年
　　には，この事実が引用されている。ブシィング（Ritterzeit und Ritterwesen, I, 343）
　　が 1823 年に「Kunrath」の代わりに「Zaunritt」と呼んでいることは，注目に値す
　　る。騎士ヴィルヘルム・ツアウンリートはクリストフ公と一緒に 1470 年のアウグス
　　ブルクの鉄製弩による射撃大会を訪れ，射手の石投げで最高（一等賞）を獲得した。
　　（訳者注）Maßmann, H. F., Die öffentliche Turnanstalt zu München. München
　　1838; Büsching, J. A. B., Ritterzeit und Ritterwesen. Bd. I, Leipzig 1823, S. 343.
　　1470 年のアウグスブルクの射撃大会については，次の拙著を参照されたい。ドイツ
　　中世後期のスポーツ―アウグスブルクにおける「公開射撃大会」―（以下では『公開
　　射撃大会』と略），不昧堂出版，1998 年，200-207 頁。

13)（訳者注）Füetrer, U., Bayerische Chronik. 1496. In: Bayerische Staatsbibliothek,
　　München, Cgm 43. なお，ヴァスマンスドルフによる引用箇所を確認することはで
　　きなかった。

14)（原注）「ドイツ体育新聞」（1875. Nr. 28.）におけるクリストフ公に関する私の論文
　　を参照。（訳者注）Wassmannsdorff, K., Turnerische Bildung Bayerischer Fürsten,
　　besonders des Herzogs Christoph von Bayern. In: Deutsche Turn-Zeitung, 1875,
　　S. 177-179.

15)（訳者注）シュツールヴァイセンブルク（Stuhlweißenburg）は，現在のハンガリー
　　の都市セーケシュフェヘールバールである。URL: https://ome-lexikon.uni-olden
　　burg.de/. (2021.12.27.)

16)（訳者注）1470 年のアウグスブルクにおける射撃大会については，拙著『公開射撃大
　　会』（200-207 頁）を参照されたい。

17)（本文）Adam, J. A., Augsburg und seine Stahlschießen. Augsburg 1824, S. 13.

18)（本文）Wassmannsdorff, K., Turnerische Bildung Bayerischer Fürsten, besonders
　　des Herzogs Christoph von Bayern. In: Deutsche Turn-Zeitung, 1875, S. 177-179,
　　hier S. 179; Ders., Wie sprang man vor Erfindung der Springfeiler? In: Deutsche
　　Turn-Zeitung, 1871, S. 86.（訳者注）1509 年の射撃大会の招待状および競技の内容

と経過については，拙著『公開射撃大会』(247-323 頁) を参照されたい。

19)（訳者注）出典を確認することはできなかった。

20)（本文）Herzog Christoph der Starke von Bayern, sein abenteuerliches Leben, wundersame Waffenthaten und seliger Tod auf der Insel Rhodus. Burghausen (Verlag der J. Lutzenbergerschen Buchhandlung) 1860.

21)（訳者注）ラテン語の引用の出典を確認することはできなかった。

22)（原注）Der Heidelberger Handschrift des Lecküchner. 私はラテン語のテキストの略記を元に戻した。レックヒナーの写本（1482 年に終えている）は，ミュンヘンの宮廷＝州立図書館にある。この写本には採色された絵があるが，より古いハイデルベルク本のラテン語による献呈の辞にはない。このハイデルベルク本には，先に挙げたミュンヘン写本の「高貴な生まれの君主」(Dem hochgepro(e)n Furst(e)n.) というテキストはない。(訳者注) Lecküchner, H., Kunst des Messerfechtens. In: Universitätsbibliothek Heidelberg, Cod. Pal. Germ. 430; Ders., Kunst des Messerfechtens. In: Bayerische Staatsbibliothek, München, Cgm 582. レックヒナーの剣術写本については，拙著『ドイツ中世後期の剣術と剣士団体』(溪水社，2020 年，58-59 頁) を参照されたい。

23)（原注）私の著作『Aufschlüsse über Fechthandschriften und gedruckte Fechtbücher des 16. und 17. Jahrhunderts. Berlin, R. Gärtners Verlagsbuchhandlung』(1888) は，マスマンの著作『Die öffentliche Turnanstalt zu München. München 1838』における 48 頁の珍しく誤った指摘を反駁している。私の論文『Sechs Fechtschulen der Marxbrüder und Federfechter aus den Jahren 1575 bis 1614』(Heidelberg 1870, K. Groos)のタイトルにおけるレックヒナーのミュンヘン写本の挿し絵は, 昔の「メッサー」が腕の長さの打突武器であり，若干湾曲した刃をもっていることを示している。(訳者注) 後者の論文については，本訳書の第 3 章および図 7 を参照されたい。

24)（原注）私の『Des Pritschenmeisters L. Flexels Reimspruch über das Heidelberger Armbrustschieen des Jahres 1544』(K. Groos in Heidelberg. 1886) を参照。(訳者注) このフレクセルの詩については，本訳書の第 4 章を参照されたい。

25)（訳者注）上記の注 13)における U.フュットラーの著作における該当箇所を確認することは，できなかった。

第3章
マルクス兄弟と羽剣士の6つの剣術興行

図3　J.マイヤーの剣術興行

　K. H.シャイドラー教授はドイツ剣術史と，前世紀まで存続したマルクス兄弟と羽剣士という名前の剣士組合に関する主要な証人と見なされている。教授はJ. S.エルシュとJ. G.グルーバーの『百科全書』や他の多くの箇所（F. A. W. L.ルークスによる『剣術教本』の序論，「イエーナ新聞」，最後に「ドイツ体育新聞」）において [1]，「チューリンゲン民衆の友」における C. W.ゲットリングの論文「チューリンゲンの剣士家系クロイスラー」にほとんど密接に従いながら [2]，しかし一部は恣意的に変更を加えながら，至る所でゲットリングとほとんど同じ言葉で，同じことを主張した。羽剣士は刺突剣術の技をドイツにもたらしたとか，羽剣士が使用する「羽」という武器をマルクス兄弟は知らなかった，というシャイドラー教授の非歴史的な主張は，あらゆる確信をもって断言され，それゆえに熱心に受け入れられた（例えば，W.リュベックの『ドイツ剣術教本』）[3]。しかし，私は独自の史料研究に基づいて，さらにフランクフルトa. M.とプラハの文書館に残されているマルクス兄弟と羽剣士に関する文書の徹底的な研究に基づいて，既に「ドイツ体育新聞」の1864年の353頁において，教授のこの主張が誤り

であることを証明した[4]。これに対して，シャイドラー教授はこの新聞の1865年の15頁において[5]，しばしば言及される二つの剣術ギルドが打撃武器と刺突武器との相違によって区別されたというゲットリングが主張し，教授の採用した見解が，今や誤りである，ということを認めた。

　本書全体は，ドイツの剣術及び羽剣士とマルクス兄弟の関係に関して，シャイドラー教授の諸論文によって主として勢力を得るようになった非歴史的な見解を幅広く訂正するのに役立つだろう。同時に，本書はドイツの二つの剣士ツンフトの包括的な歴史に対する一つの予備研究と見なされるだろう。この研究においては，フランクフルト a. M.とプラハの文書館及びその他の史料から得られた資料（皇帝の特権状，紋章図がある皇帝の紋章状，数世紀に及ぶ剣士規定，古い師範名簿，師範証書など）が，公刊されるはずである。そうすることによって，ヤーコブ・グリムの言葉によれば[6]，現代の体育団体の一種の原型と見なすことができる昔の剣術団体に関して，歴史的に正しいことが一般的な知識となるであろう。

　本書の第一章の若干の原典が示している剣術興行での出来事は，聖ヴィートゥス（ファイト）に従って呼ばれる剣士がマルクス＝剣士とは異なった武器を決して使用しなかった，ということを読者に示すだろう。第二章のニュルンベルクの剣術興行賛歌と（ペンと布団の）羽の賞賛からは，「羽」という剣術の武器が決して存在しなかった，ということがより明白になるだろう。剣士自身はそのことに関して何も知らない[7]。剣術師範であるレーゼナーの珍しい詩である1589年の剣士の術の賛歌（本書の最後の章）を掲載するのは，これによって昔の剣士制度に関する正しい見解に到達できるだけでなく，かの卓越したハンス・ザックスの正しさと「尊称」を理解する一助となることができるからである。というのは，レーゼナーはザックスの1545年の「剣術格言」[8]のほとんど大部分を，一語の注釈もなしに彼の詩の中に取り入れているからである。

　私は教師並びに体育教師としての25年に及ぶ公的活動の終りに，ドイツ体育に関して不可解にも忘れ去られてしまったヤーンの『ドイツ体育』における言葉に対して[9]，私の著作『汎愛学校における身体運動』の中で[10]，今まで全く知られていなかったか，不十分にしか知られていなかったヤーン以前のドイツの教育家の体育努力に対して，相応の権利を与えようと試

みた。この時，私は先に示した生活の断片を看過してはならないと信じ，前代のドイツの剣士団体に関しても最初の確実な解明を行うことなく，今までの推測と論証されていない見解を暫定的にせよ余りに簡単に唱えてはならないと，信じていた。ドイツ体育に関する将来の歴史叙述家は，本書が正に彼らに示そうとしていることを看過できないだろう！

第1節　剣術写本と射撃大会における剣術興行

　　わが誉むべきドイツ皇帝は，宮廷で若い騎士たちのためにトーナメントを開催した。これによって，若い騎士と貴族は一人前の大人になるために，乗馬だけでなく，槍や当時使用されていた武器を教え込まれた。皇帝はその他の普通の若者のためにも，あらゆる種類の武器を自ら練習するための剣術興行を手配し，特権によってこれを奨励した。大小の都市では，あちこちで射手＝団体が出現し，特権を獲得した。そうして，遂に，人々は危機の際に**祖国に奉仕する**ことができた [11]。

　皇帝の中で「ドイツ最後の騎士」であり，敏捷かつ勇敢なマクシミリアン1世の父であるフリードリヒ3世は，1487年8月10日にニュルンベルクにおいて，ドイツの「剣の師範」に最初の特権状を与えた。この特権状の中で，皇帝は彼らに対して次のような「特別な慈悲」を授けた [12]。

　　　今後は，聖なる帝国のいかなる所においても，予め剣の師範によってその技を試験され，許可されなければ，何人も剣の師範と称したり，興行を開催したり，金のために教授してはならない。

　この特権状は，剣士による「興行＝開催」，つまり公開の剣術上演の開催を，ドイツにおいて皇帝フリードリヒ3世以前に既に存在していた剣術師範による古い慣習として認めた。特別な武芸師範，すなわち正に剣術師範は既に中世高地ドイツ語の詩である『グートルーン』と『ベーオウルフ』において知られている [13]。同様に，ドイツ最古の大学の規則は，既に学生が「剣術興行」を訪問することに対して，反対を表明している [14]。それは，

あたかもこの場所では道徳が堕落し，軍神に関わることによって精神が学芸[15]から好ましくない方向へ向かうかのようであった。

　今なお印刷されていないドイツ語の剣術写本は，しばしば剣術興行に言及してはいるが，実際に開催されたこのような見せ物剣術を記述してはいない。私の知る限り，中世の剣術＝格闘術に関する最古の手書き文書（1389年のニュルンベルクの写本 Nr. 3227a）が，「練習と訓練剣術」とこれに対置される「真面目な闘い」との対立について既に述べている[16]。しかし，「戯れと上品さ」で，つまり宮廷的な騎士的剣術を戯れに行うこの訓練剣術は，観戦する剣術仲間自身の狭い範囲の中だけで行われていたかもしれない[17]。

　全く同様に，メッサー剣術に関する H.レックヒナーの写本（ハイデルベルク大学図書館における古い写本と，ミュンヘンの宮廷図書館における修正写本）では[18]，真面目な戦いと観客の前での社交的な練習＝賭剣術との間が区別されている。レックヒナーは頭への粗暴な農民的な攻撃に対して，例えば頚への攻撃を紹介している（ハイデルベルク写本の 15 丁）。また，

　　　相手をひどく傷つけようとしないならば，相手の腕を攻撃せよ。しかし，剣術興行であるならば，体面が感じられるように，相手の左腹を強く攻撃せよ。

さらに，レックヒナーは 47a 丁で相手を捕まえる独特の方法，つまり剣術興行で人々の楽しみのために相手を袋の中に押し込む方法を教えている（本訳書の第 7 章における図 7 を参照）[19]。

　　　相手を袋の中に押し込もうとするならば，二人が袋をもって当人の後ろに密やかに立つ。（ミュンヘンの写本では次のように述べられている。興行では誰かが袋を隠し持って，その人の後ろに密やかに立つ。）そうして，彼を捕まえ，二人が袋を支え，彼をしっかりと押さえつけ，彼を袋の中に潜り込ませる。しかし，彼がその中に入ろうとしないならば，右手で彼の右膝の外側を掴み，神の名において袋に投げ入れる。

93a 丁では，レックヒナーが弟子に課した相手の捕え方が示されている。

　一度，または数度相手の腹または睾丸を突く。これは，興行で皆
の前で行うと，全く滑稽である。

　公共の機会や祝祭を讃えるための剣術興行も存在した。剣術師範は大規
模な射手祭や君主の結婚式などの際に，通常は祝祭の世話人や高貴な人々
によって祝祭に招待された。そのような機会に，彼らは他の体育術で競争
する人々のように，名誉と賞金を獲得するために，祝祭参加者の前で彼ら
の術と訓練を示した。

　都市の内部よりも広い範囲からの参加者を対象にして開催された剣術興
行に関する事例を挙げると。1509 年のアウグスブルクの大「射撃大会」（射
手祭）（バイエルン公ウイルヘルムをも含む 544 人の射手が「弩」を使用し，銃射
手は 916 人参加した）では，他の体育運動と並んで剣術にも公開で行われる
機会があった [20]。E. ヴェルリヒのアウグスブルク年代記は [21]，これに関し
ては非常に簡単にしか述べていない。すなわち，射手祭で行われたその他
の「娯楽と並んで剣術興行，格闘やダンスや競走や石投げや九柱戯などの
ような見せ物も開催された」。「娯楽を停滞させないために」，アウグスブル
クの人々はこの祭りのために通例の「くじ壷」を設置しただけでなく，「最
大の嘘をつくことができた人にも一定の賞金」を与えた。

　1547 年の剣術興行は，シュマルカルデン戦争で皇帝に征服された帝国君
主の捕虜という運命を，慰めることにも役立った。捕虜となったザクセン
選帝侯ヨハン・フリードリヒは， 1547 年のアウグスブルクでの帝国議会
の際には，皇帝による監禁の下に置かれていた。ここで，彼はワイン市場
の所にあるヴェルザー家で [22]，君主にふさわしく丁重に扱われた（ドーナ
ウベルトで厳しく拘束されているヘッセン方伯よりもましである）。ザストロウは
彼の伝記の中で，次のように語っている [23]。

　　皇帝の宮廷にいるアルバ公と他の紳士たちが彼の所に出入りし，親
　しい会話や様々な気晴らしによって彼の良い相手となった。（君主にふ
　さわしく立派に作られ，仕上げられている）彼の宿となった館には，トー
　ナメント場があり，そこで彼らは馬上槍試合を行った。彼には，都市
　内の快適な場所で，特別に作られた立派な鞭（アウグスブルクでも僅かで

ある）を持って乗馬をすることが許さた。また，（彼が若い時から剣術に
興じ，若い時には好んであらゆる武器で戦ったがゆえに），彼を喜ばすため
に，剣術興行を開催することが命じられた。

　さらに，ヴュルテンベルク公クリストフは 1560 年 9 月にシュツットガル
トで，「最高賞」（一等賞）である 100 ハンガリア・ドゥカテンを賭けた
「シュタッヘル」（鋼鉄製の弩）による豪奢な大射撃大会を開催した。道化
師フレクセルの記述（ハイデルベルク大学図書館の写本）によれば，この射手
祭の幕間でも剣術興行が行われた [24]。

　　　日曜日に君主は競走を開催した。
　　走者が気に入り，期待したのは，
　　　最高の者に与えられるロンドン製の布のズボンであった。
　　最高賞は私の慈悲深い主人が獲得した。
　　　二等賞は胴着であった。
　　この賞は走者を勇気づけ，
　　　三等賞は美しい帽子であり，
　　この帽子には麦藁の羽が着いていた。
　　　腹立たしいことに，私は競走では何も獲得しなかった。
　　これには男性も女性も参加した。
　　　その後，剣術が始まり，
　　これは公園で行われた。
　　　君主たちを待たねばならなかった，
　　競走が終了するまで。
　　　その後，君主の婦人たちが，
　　城から公園にお出ましになった。
　　下女たちは奉仕し，待たねばならなかった。
　　　5 人の若き乙女が婦人たちと入場した。
　　待っている婦人たちは高貴な生まれであり，
　　　ヴュルテンベルクで選ばれた人であった。
　　馬車はビロードで覆われ，

　　人々は非常に驚いた。

　君主の婦人たち，その娘たち，お供の人たちが園亭の窓に席を占める
と，彼女たちは「剣術と跳躍」を観戦した。

　　ある剣士が他の剣士を罰しようとすると，
　　　　君主は彼に胴着を買わせた。
　　美しい琥珀織りの，
　　　　この布が与えられるべき人は，
　　最高のことをなした人である。
　　　　私はどうでもよいので剣術をしなかった。
　　君主は躊躇し，
　　　　各々の武器の試合に 2 ターレルが与えられた。
　　最高をなした剣士には，
　　　　報酬として 2 ターレルが与えられた。

　アウグスブルクの市民ウルリヒ・エルテルは，「射手の従者」つまり道化
師であった。彼は 1560 年のシュツットガルトの射撃を，フレクセルと同
様に記述した（ゴータの宮廷図書館の写本）[25]。彼は，射手祭が「騎士的かつ
必要な娯楽である」と言う。というのは，「この娯楽は戦闘訓練に役立ち，
有用であるだけでなく，英雄的で立派な訓練であり，それがラントと都市
の至る所で長い伝統を持つ原因である」からである。このため，この娯楽
は「トーナメントと他の君主の訓練と同一視」されるだろう。
　この射撃大会の際の剣術興行に関して，エルテルは次のように述べてい
る[26]。9 月 29 日の日曜には，射撃は行われていない。

　　　この日は休み，射撃を行わなかった。ただ，食事の後で銀貨（射手の
　　賞金である銀貨）を彫った。それと並んで，この日には，別の娯楽が行
　　われた。競走と剣術が行われた時には，ヴュルテンベルク公の若きエー
　　ベルハルト自らが参加し，人々と剣術をした。

第2節　マルクス兄弟と羽剣士

　皇帝フリードリヒのマルクス兄弟団への特権状は，「n 剣の師範」と述べているだけである [27]。同様に，我々が先に見たように，アウグスブルクとシュツットガルトにおける見せ物剣術の報告は，マルクス兄弟と羽剣士というドイツの剣士の周知の区別については何も述べていない。これは，どのような事情なのであろうか。

　剣術のさまざまな教え方は，既に，マルクス兄弟団への特権状に先行する剣術写本に示されている。剣術に関するリーヒテナウエルの術と助言は，（既にゲルマン博物館の 1389 年の写本の中に存在している）剣による防御の構えに関する詩の中で，「卑怯な」防御の構え，つまりリーヒテナウエルが承認していない以前の習慣的な構えである別の指導法による構えを前にして，次のように警告している [28]。

　　卑怯な構えを逃れるために行うべき
　　4つの構えは
　　牛，鋤，柳の構え
　　そして天の構えである

　リーヒテナウエルの流派に属しているこのニュルンベルクの写本は，「軽薄な剣術師範」について次のように述べている [29]。

　　彼らは新しい技を考案したと言う。しかし，私が目にするのは，リーヒテナウエルの技から出たのではない技法と攻撃法を考案したという人々である。彼らは，彼らがつけた新しい名前の技法を観覧に供しようとしている。彼らは攻撃と防御の技を 2 回あるいは 3 回と行い，相当の防御と攻撃によって良い名声と称賛を得ようとしている。彼らは敵と相対し，さまざまな攻撃を行うとき，彼らはためらい，隙を見せる。というのは，彼らの剣術には節度がなく，真面目な剣術ではないからである。

時代の流れの中でヨハネス・リーヒテナウエルに由来する古来の流派から離れてしまった剣士に関する確実な名称は，レックヒナーのメッサー＝剣術書における「自由剣士」という語に読み取ることができるだろう。すなわち，「自由に攻撃する」自由剣士のことである[30]。「自由な剣術」の技について，レックヒナーは何も述べてはいない[31]。しかし，自由剣士に対してはいわゆる後の先の技が慎重に適用される，という彼の注釈から，自由な剣術のことが明らかになる[32]。

　　　自由剣士は，長剣の自由な攻撃とメッサーの正しい術を行うのではない。彼らは正しい技を知らない。彼らは名声のために相手の腹を攻撃し，隙を掴もうとする。

皇帝フリードリヒ3世によって1487年に剣の師範に最初に与えられた特権状は，彼の後継となる皇帝たちによって更新と承認がなされている。この特権証書によって保護された剣士団体は，（フランクフルト市文書館にある）最古の「師範名簿」に関する「記録」によれば[33]，元々は「聖母マリアと聖マルクスの兄弟団」と呼ばれた。いわゆる羽剣士の団体は，皇帝ルドルフ2世によって1607年3月7日に初めて特権状を与えられた。これら二つの剣士団体はいつ結成されたのであろうか。

アウグスブルクの参事会役人であるパウルス・ヘクトール・マイルは，現在ではドレスデンの図書館にある豪華本の『剣術書』を1542年頃に作成した[34]。本書の格闘の一部はアウエルスヴァルトの格闘術の再版の中に見られる[35]。マイルは羽剣士については何も言及していない[36]。彼は本書の剣術の歴史において，「祖国の利益のために」役立ち，そこに究極の目的がある剣術について次のように述べている[37]。

　　　最後に，騎士的剣術がくる。聖マルクス兄弟団は，神聖ローマ皇帝フリードリヒ3世，マクシミリアン，現在の国王であるカールから，特権と自由を与えられた。三人はオーストリアの尊敬すべき家系の生まれであり，この騎士的運動を決して衰亡させず，常に援助してくれた。そして，フランクフルトの恒例の秋市のときに，剣の師範になろ

うとする者は，聖マルクス兄弟団に誓約をし，兄弟団によって任命された師範が実施する黄金の術の師範試験を受ける。その後，彼らは騎士的剣術に属することをすべて訓練したことを，誓約によって証明する。こうして，彼らは神聖ローマ帝国のドイツにおいて興行を開催し，正当な剣術を人々に教授することができるようになるだろう。

「羽剣士」という名称について，私は 1574 年よりも早い言及を挙げることはできない。マルクス兄弟と羽剣士との対置は，道化師ベネディクト・エデルベックによって 1574 年に作成された『(1573 年の) 大射撃大会の公式記録』の中に見出される [38]。私の知る限り，羽剣士への言及はこれが最初である。

フランクフルト文書館の文書類は，羽剣士の出現について 1575 年より以前のいかなる報告も含んではいない [39]。自由帝国都市フランクフルト a. M.の参事会に対して，「フランクフルト a. M.の聖マルクス兄弟団の剣の師範」は，1575 年 9 月 6 日に次のような請願を提出している [40]。

　　尊敬すべき親愛なる紳士様。聖マルクス兄弟団の剣の師範は，数年前にこの自由帝国都市フランクフルトで [41]，公開の剣術興行を開催する特権を承認されました。しかし，この兄弟団の特権と恩寵が侵犯されていることを想起されるようお願いします。参事会におかれましては，自由剣士が剣術興行を開催することを許可せず，我々の従来の特権を保護してくださるようお願いします。この請願が認められれば，我々はいかなる場所でも，そのような悪弊に苦情を申し立て，特権 [42]に対する処罰が下さるように求めはいたしません。この件，宜しくお願いいたします。

翌年の「76 年 4 月 19 日木曜日」という日付があるフランクフルト参事会への文書によれば，聖マルクス兄弟団の「ホーフのフリードリヒ・レンナー，石工，現在の団長」と聖マルクス兄弟団の剣の師範 4 人が，同様の請願を提出している [43]。この請願書の中から，師範の説明に付け加えられた次の箇所が取り上げられる。今までは，いかなる身分や手工業であろう

と，また「貴族と騎士ではなく」，誠実で正直な仲間であれば，兄弟団に入
会することができた。

　しかし，数年前に（理由は分からないが）若干の者が我々から脱退し，
今日なおもしばしば言われているように，自由剣士あるいは羽剣士と
称している。彼らは高貴な身分の人々と結びついて，我々聖マルクス
兄弟団に敵対している。彼らは（つい最近の枝の主日 44)にあったことであ
るが）公開の自由な剣術興行において脅し文句を並べ立て，そのほかに
も至る所で我々に突っかかってきている。特に（最も嘆かわしいことで
あるが），我々の伝来の特権と我々の意志に反して，公開の興行を開催
することが自由剣士に許可されることを，我々は見なければならなかっ
た。それゆえ，我々はそうしたことが生じる数日前に，不遜とわがま
まからではなく，本当の証言に基づいて，このビラを取り除いた。

　「（自由＝羽剣士）の出現と悪弊が取り除かれ，さらに許されてはならな
い」という参事会の処置の 2 年後 45)，今や最初に言われたように，「聖マ
ルクス兄弟団の長剣の師範」は改めて参事会に対して，自由剣士と異国の
剣士に興行を計画し挙行する事が無差別に許されている，と訴えねばなら
なかった。しかしながら，フランクフルト文書館の文書が証明しているこ
とであるが 46)，マルクス兄弟の繰り返される抗議にも関わらず，後には「羽
の剣術師範」に対してフランクフルト a. M.での興行挙行が許可されている
ように，「羽に愛着を持ち，血縁の剣術師範」あるいは文書の中で言われて
いる「羽の自由剣士」は，1607 年にプラハで皇帝ルドルフ 2 世から与えら
れた特権状によって，マルクス兄弟だけが要求していたのと同じような権
利を得た 47)。この時以来，ドイツ帝国では，公的に承認された二つの剣士
団体が存在した。
　羽剣士に関してプラハ文書館がなおも所蔵している文書の中で最古の文
書は，1597 年 7 月 29 日にプラハの市長と参事会によって（ベーメン語で）
許可された剣術興行規定である 48)。この規定では，羽剣士とマルクス剣士
（マルクス兄弟）は，プラハにおける剣術興行の開催に関して同権と見なさ
れている。

第3節　羽剣士について

　ここで，羽剣士という名称を最終的に正しく解釈しておこう。この名称は，作り話にあるような「羽」いう武器には由来しない，ということは既に言及した通りである。

　皇帝ルドルフ2世は，しばしば言及されるように，1607年3月7日にプラハで羽剣士に特権状を与えた [49]。皇帝はこの機会に，「羽の自由剣士の師範と団体」が1606年8月4日にプラハで約定していた規約を承認しただけでなく，「公的な剣術興行や名誉のために必要な時に使用できる」ように，貴族の紋章をも与えた。紋章楯には，楯の真ん中まで雲の中から二人の男性の腕が飛び出ているのが見える。「手を結びあった二人の男性の腕は，先端が下に向かっているペンを持っている」。もちろん，ペンは決して刺突＝打撃武器ではない。さらに，羽剣士は「聖ファイトの日の後」[50]の日曜日に開催される最初の興行のために，1608年2月10日にプラハでマルクス兄弟に出された招待状に [51]，皇帝によって与えられた印章を捺印した。この印章には次のような銘がある。「羽の長剣の師範の印」。これによって，羽剣士に関して特別な武器や技法を仮定することがますます否定されることは，明白である。

　田畑を遠くまで見渡す聖ファイト＝教会によって有名なプラハは，先に挙げた文書，つまり1597年のプラハ市参事会による剣士規定，1607年の皇帝の特権状，1608年の聖ファイト＝日の後の日曜日に挙行される興行に対する招待状が示しているように，羽剣士の本拠地と見なされ，実際的にも常にそのように見なされている [52]。これに対して，ドイツ皇帝の戴冠式の都市であるフランクフルトa. M.は，皇帝によって与えられる特権状の保管地と見なされ，マルクス兄弟の本拠地と見なされた。マルクス兄弟が使徒マルコ（マルクス）を守護聖に選んだのに対して，羽剣士の守護聖はすべての証拠が一致して述べているように聖ファイトである。したがって，羽剣士という名称はフィテル＝剣士あるいはファイテル剣士以外のなにものも意味しない。

　私は「羽剣士」という名称に関するこの説明の根拠を，フランクフルトa. M.の文書館にあるマルクス兄弟に関する文書の書類束（Nr. 27）から得

た。「長剣の聖マルクス兄弟関連」という表題の下に，恐らく剣の師範の陳述そのものに従って，次のことが報告されている[53]。

　　誓約した師範は，マルクス兄弟団によって承認された師範になるまで，なお2年待たなければならない。
　　マルクス兄弟と羽剣士は，同じ訓練を行う。マルクス兄弟は羽剣士を知っており，羽剣士はマルクス兄弟を知っている。マルクス兄弟はここフランクフルトで師範になり，羽剣士はプラハで師範になる。彼らは羽剣士と呼ばれ，聖ファイトの日に特権を得た。ルカス兄弟は，マルクス兄弟出身あるいはファイト剣士出身の師範である。ルカス兄弟は，マルクス兄弟と羽剣士に対して興行の挙行を主張する[54]。しかし，彼は血まみれにされると，すなわち試合に負けると立ち去る。他の者は，観客からのお金を分配する。

　自由剣士たちは，マルクス剣士たちを模倣しながら，聖ファイトを彼らの守護聖とした。その後は，以下で述べられる『ニュルンベルクの興行詩』と紋章のペンが証明しているように[55]，そして私が入手したすべての資料が証明するのと全く同様に，言い換えと意味の変更によって，もはや聖ファイトと彼らの名称との関係は曖昧になってしまっている。それゆえ，ファイテル剣士の紋章におけるペンについて，もはや何も知らない新しい作家が，驚くべきことには，「羽剣士」という詩の説明のために，歴史的な基礎に依拠しないような聖ファイト剣士の本来の剣術技法を仮定するに至っている。我々はあらゆる確信を持ってもう一度繰り返すが，聖ファイトの剣士はマルクス剣士と同じ武器を使っていた。両方の剣士団体は長短の武具の種類と形状に従って，撃つことと切ることと同じく突くことを理解していた。したがって，ドイツの剣術の歴史にたずさわる者は，ゲットリング＝シャイドラーによって持ち込まれたあらゆる仮説を放棄しなければならない[56]。
　カール5世は1541年5月13日にレーゲンスブルクで，「長剣の師範と聖マルクス兄弟団」に貴族の紋章状を与えた。この紋章状を皇帝レオポルトはウイーンで1670年3月20日に保証し，更新し，内容を増大させた。

その後,「長剣と軍事的な訓練に経験のある聖マルコとレーヴェンベルクの師範」は,初めて「聖マルコとレーヴェンベルク」の団体と呼ばれるようになった。彼らの紋章における翼のあるライオンは,紋章が示す背景の三つの山のうち二つの「山」に後ろ足で立っている。それゆえ,名称が「レーヴェンベルク」(ライオン山)である。

　ファイテル剣士あるいは羽剣士は,後には「羽の自由剣士団の上に立つグライフェンフェルズの長剣の師範」[57]と呼ばれる。皇帝ルドルフ2世がこの剣士たちに1607年に与えた紋章の中には,紋章動物として翼をもったグリフィンが紋章を抱く兜の上にいる。このことについては,この剣士ギルドもマルクス兄弟を模倣して紋章の増大を模索し,マルクス兄弟と全く同様に皇帝レオポルトから1688年12月2日に紋章の増大を得た,ということを述べておかなければならない[58]。

第4節　剣術興行における禁止事項

　ここでもう一度興行と剣術上演と見せ物剣術に戻ると,既に報告したフランクフルト文書館の文書から明らかになったことは,この競技を訪問してもらうように,広告状によって人々を招待するのが通常であった,ということである[59]。ある都市で剣術興行が開催されるとすると,市長と参事会は剣術興行の開催許可を与えた。そうすると,剣士たちは,

　　古い慣習に従って,厳かな行列や巡回を行った。太鼓と笛の演奏を先頭にして,花輪がぶら下がったパレード用の剣を肩に行進した。この行進の回りでは活発で騒々しい若者が飛び跳ね,好奇心の強い人々が歓声をあげながら従った。行進は,きたる剣術興行に多くの人々が現れるよう市民男女に勧めるために,都市の大通りを進んで行った。さらに,広告ビラによって剣術興行が開催されるはずの場所と時間が知らされた[60]。

　このような剣術興行＝広告の模範を示しているのが,以下の本論で取り上げる1589年のレーゼナーの詩である。この案内広告において常に問題

であったのは，相手を確実に非難し，自分たちの仲間を讃えることであった。羽剣士は貴族の紋章を我が物顔にしている，というような度々主張される批判は，もちろんマルクス兄弟にとっては 1607 年までしか使用できなかった。皇帝ルドルフ 2 世によるそのような紋章の授与の後は，ファイテル＝剣士も彼らの剣術興行＝広告の中で，「ローマ皇帝によって与えられた特権の権威によって云々」[61]というマルクス兄弟の言葉を同じように使用することができ，マルクス兄弟と同様に皇帝の特権状の複製を広告に張り付けることができた。

　戦いが始まる前に，剣術興行の開催を許可された師範は興行を「解放した」。つまり，何が自由であり，何が禁止されるか，という闘いの間に守られるべき秩序を，師範は出席者たちに伝えた。実際に開催された剣術興行に関する以下の記述が興行のいわゆる解放に関して示していること以外に，ここで私はその他の剣術興行＝解放を付け加えることにする[62]。この解放からは，当時の見せ物＝賭剣術で何が禁止されていたか，ということを知ることができる。

　　　けれども，各人は，この剣術興行で何が禁止されているか，知るべきである。例えば，端，柄頭，剣先，激突，腕絡み，睾丸突き，眼を掴む，石投げなど，人々がよく使う不誠実な技[63]。私はこれらの技をすべて挙げることはできないし，学ばなかった。また，棒の上下を攻撃してはならない[64]。一方にも他方にも，保護が保持されねばならない。同様に，この興行で，彼ら二人が嫌悪と嫉妬を抱いて戦うのではなく，力と権威がある所で戦うことを，私は願うだろう[65]。

　君主が開催した若干の剣術興行に関する以下の章の記述から，相手に血を流す傷を与えた者だけに賞品が認められた，ということが明らかになる。戦いが金ではなく，名誉の冠を賭けて行われた時も（例えば，ニュルンベルクの剣術興行詩の 5 丁）[66]，同じ条件が満たされなければならなかった。

　さらに，同業者は相助けるがゆえに[67]，マルクス兄弟と聖ファイトの剣士とが相対して現れ，競技の時に贈り物と同時に仲間の名誉を賭けて争うことは，この剣術興行の本質に属していた。しかし，少なくともポマー＝

ブーゲンハーゲンはこのことに関して，剣術師範自らの口を通して伝えている。彼が報告しているように，最初から一方の剣士たちが数の点で他方に及ばないような剣術興行では，自己の側から相手の数を補うという騎士的な風習が存在した。ブーゲンハーゲンは次のように述べている[68]。

　一方の組が他方を招待した興行が開催されると，一方の兄弟団が他方を騎士的な訓練で試験をする。しかし，このような興行で自由剣士よりマルクス兄弟の方が多く出席するということが生じると，マルクス兄弟が一時的に自由剣士の方へ移るということが行われる。それによって，両方の組は同じ人数になる。しかしながら，彼らは興行が終わると，再び元に戻り，最初の団体に加わる。このような事が生じた場合には，自由剣士も同じように振舞う。

　公開の剣術興行では，時には学生が約束された賞金を賭けた競技者として現われた。グンペルツハイマーは，例えば旅の途中に金に困った場合だけ，そのような学生の出現が許される，と見なした[69]。

注

1）（訳者注）Gruber, J. G. (Hg.), Allgemeine Encyklopädie der Wissenschaften und Künste in alphabetischer Folge von genannten Schriftstellern bearbeitet und herausgegeben von J. S. Ersch und F, G. Gruber, Section 1, A-G, Theil 42, Leipzig 1845, Scheidler, K. H., Fechtkunst, S. 190-206; Roux, W., Anweisung zum Hiebfechten mit Graden und Krummen Kleingen. Jena 18 49; Scheidler, K. H., Kurze Geschichte der Fechtkunst, insbesondere auf den Universitäten und namentlich in Jena. In: Jenaische Blätter für Geschichte und Reform des deutschen Universitätswesens, insbesondere des Studentenlebens, sowie für deutsche National= und Staats=Pädagogik. H. 3, Jena 1859, S. 131-159; Scheidler, K. H., Kurze Geschichte der Fechtkunst in alter und neuer Zeit. In: Deutsche Turn-Zeitung, 1864, S. 4-7, 25-28, 65-68, 169-171, 180-181, 203-205.
2）（本文）Göttling, C. W., Thüringische Fechterfamilie Kreußler. In: Thüringer Volksfreunde, 1829, S. 345-347.
3）（本文）Lübeck, W., Lehr und Handbuch der deutschen Fechtkunst. Frankfurt a. d. O. 1865, S. 4.

4)（訳者注）Wassmannsdorff, K., Über die Marxbrüder und Federfechter und über das älteste, bisher noch unbekannte, gedruckte Fechtbuch. In: Deutsche Turn-Zeitung, 1864, S. 353-356, hier S. 353.

5)（訳者注）Scheidler, K. H., Entgegnung des Prof. Scheidler auf den Artikel in Nr. 45. 1864 der T=Ztg. "über die Marxbrüder und Federfechter". In: Deutsche Turn-Zeitung, 1865, S. 15-16, 23-24, hier S. 15.

6)（訳者注）残念ながら，J.グリムの言葉を確認することはできなかった。ただ，グリム兄弟の『ドイツ語辞典』の第 3 巻における「剣士」（Fechter）の項目では，「剣士団体」（Fechterverein）あるいは「体育団体」（Turnergesellschaften）という用語が使用されている。Deutsches Wörterbuch von Jacob Grimm und Willhelm Grimm. Bd. 3, München 1984 (Leipzig 1862), S. 1390.

7)（原注）「ファイテル剣士」の「ペン」が，聖ファイトの剣士の大きな「教養」に関するハインリヒ・フォン・グンテルロードの陳述に影響を与えたのかどうか？彼の発言は次のような内容である（Günterrode, H. von, De veris principiis artis dimicatoriae. Witebergae 1579, S.21）。「私は今や我々の時代に到達した。二つの党派が出現した。一方の同盟は他の職人と並んで，大部分が毛皮職人である。彼らは特に剣を扱う術の師範である。彼らはローマ皇帝から，フランクフルトにおいて，この術に優れていると見なされる特権状を得ようとした。この党派では，誓約をする者がそこで称号を与えられる習慣があった。これに対立する党派の多くは，他の術にはそれほど経験がないが，良い教養をもつ学生であった。彼らはこの術には確かに優れていた。中にはそれほど経験のない者もいた。彼らは一定の基礎を有しており，理性的な教養を打ち立てることができた」。ヨアヒム・マイヤーの『剣術書』（Meyer, J., Fechtbuch, Straßburg 1570）も，同様にこのことに言及している。マルクス兄弟が主としていかなる手工業につき，ファイト＝剣士がいかなる手工業についていたかということに関しては，既にポンメル＝ブーゲンハーゲンの『歴史・地理名物集』（Pommere=Bugenhagen, D. G. R., Sammlungen historischer und geographischer Merkwürdigkeiten, Hrsg. von Köstner. Altenburg 1752, 187 頁以下）と，F. L.ヤーンの『ドイツ体育』（1816）の 280 頁が伝えている。これに関しては本書の「ニュルンベルクの剣術興行賛歌」を参照。

8)（訳者注）Sachs, H., Der fechtspruch. Ankunfft und freyheyt der kunst. In: Keller, A. von (Hg.), Werk des Hans Sachs, Bd 4, Tübingen 1879, S. 209-215. 本訳書の第 1 章の 15 頁および注 36)を参照されたい。

9)（訳者注）Jahn, F. L. & E. Eiselen, Die Deutsche Turnkunst zur Einrichtung der Turnplätze. Berlin 1816, S. 209, XXXI.

10) （訳者注）Wassmannsdorff, K., Die Turnübungen in den Philanthropinen zu Dessau, Marschlins, Heidesheim und Schnepfenthal: Ein Beitrag zur Geschichte des neueren Turnwesens. Heidelberg 1870.

11) （本文）Serlin: Ritterl. Hauptschießen vom 9./19. Mai 1671. Frankfurt a. M. 1671. （訳者注）Serlin, W., Ein Ehrliches Frey-Kunst- und Ritterliches Haupt-Schiessen in der Mußquet und Bürscht-Büchse. Frankfurt a. M. 1671, S. 7-8.

12) （原注）フランクフルト a. M.市の文書館に無傷で保存されているオリジナルの特権状から。（訳者注）この特権状は，ヴァスマンスドルフの次の論文において全文の翻刻と現代語訳が掲載されている。Wassmannsdorff, K., Kaiser Friedrich's Freiheitsbrief vom 10. August 1487. an die Deutschen Meister des Schwerts. In: Deutsche Turn-Zeitung, 1877, S. 137-139. 1487 年の皇帝フリードリヒ 3 世の特権状の邦訳全文については次の拙著を参照されたい。ドイツ中世後期の剣術と剣士団体（以下では『剣術と剣士団体』と略），溪水社，2020 年，152-153 頁。

13) （原注）クロスの「新体育年鑑」の 1866 年の 194 頁以下における中世ドイツ騎士の身体運動に関する私の論文を参照されたい。（訳者注）Wassmannsdorff, K., Die Leibesübungen der deutschen Ritter im Mittelalter. In: Kloss, M. (Hs.), Neue Jahrbücher für die Turnkunst, 1866, S. 194-209, 253-263.

14) （原注）1386 年に創設されたハイデルベルク大学の文書は，初代学長による規定の中で賽子遊びと剣術試合を禁止している。Meiner's Geschichte der hohen Schulen, IV, S. 146 を参照。（訳者注）ラテン語の本書を確認することはできなかった。

15) （原注）かつて，特に 17 世紀には，Ars（芸術，陶冶）と Mars（戦争の神）とが好んで対置された。すなわち，体育の努力と学問の努力，つまり身体陶冶と精神陶冶に関する対置が簡単に表現される。「ドイツ体育新聞」の 1870 年の 40 頁を参照。（訳者注）Wassmannsdorff, K., Deutsches Schulturnen vor Basedow, oder: Die Turnübungen der beides ältesten deutschen Adelsschulen. In: Deutsche Turn-Zeitung, 1870, S. 33-40 und 41-42, hier S. 40.

16) （本文）die Nürnberger Handschrift Nr. 3227a von Jahre 1389. Bl. 44a. （訳者注）この写本は現在ではニュルンベルクのゲルマン国立博物館が所蔵している。本写本と J.リーヒテナウエルの剣術については，拙著『剣術と剣士団体』（46-47 頁，90-91 頁，107-130 頁）を参照されたい。

17) （本文）die Nürnberger Handschrift Nr. 3227a, Bl. 52b.

18) （訳者注）Lecküchner, H., Kunst des Messerfechtens. In: Universitätbibliothek Heidelberg, Cod. Pal. Germ. 430; In: Bayerische Staatsbibliothek, München, Cgm 582. H.-P.ヒルズと M.ヴィールシンによれば，ハイデルベルク

写本は 1478 年に作成され，ミュンヘン写本は 1482 年に作成された。Hils, H.-
P., Meister Johann Liechtenauers Kunst des langen Schwerts. Frankfurt a.
M./Bern/New York 1985, S. 69-70, 90; Wierschin, M., Meister Johann Liech-
tenauers Kunst des Fechtens. München 1965, S. 23-24, 28. レックヒナーの
剣術写本については，拙著『剣術と剣士団体』（59 頁）を参照されたい。

19)（訳者注）本訳書の第 7 章の図 7 の出典は，前注で指摘したミュンヘンのバイエ
ルン州立図書館が所蔵するレックヒナー写本における 92r 丁の図である。

20)（訳者注）1509 年のアウグスブルクでの射撃大会については，次の拙著を参照さ
れたい。ドイツ中世後期のスポーツ—アウグスブルクにおける「公開射撃大会」
—，不昧堂出版，1998 年。

21)（訳者注）Werlich, E., Chronica der weitberümpten Keyserlichen Freyen vnd
des H. Reichs Statt Augsburg in Schwaben. Frankfurt a. M. 1595, S. 271.

22)（訳者注）「ヴェルザー家」は，フッガー家と並んで，遠隔地貿易によって多大な
富を蓄積したアウグスブルクにおける名家である。Baer, W. (Hg.), Augsburger
Stadtlexikon. Augsburg 1985, S. 407-408.

23)（原注）Herausgegeben von Mohnike (Greifswald 1823) II, 47.（訳者注）Mohni-
ke, G. (Hg.), Bartholomäi Sastrowen Herkommen, Geburt und Lauf seines
ganzen Lebens. 3 Bde, Greiswald 1823-1824, hier Bd. 2, S. 47.

24)（訳者注）Flexel, L., Reimspruch auf das Armbrustschießen in Stuttgart 1560.
In: Universitätbibliothek Heidelberg, Cod. Pal. Germ. 325, Bl. 18a-19a.

25)（訳者注）Erthel, U., Beschreibung des Stuttgart Schiessens vom Jahre 1560.
In: Universitäts- und Forschungsbibliothek Efurt/Gotha, Chart. A 582.

26)（訳者注）Erthel, U., Ibid., Bl. 10b.

27)（原注）この「n」は，周知の N. N.（nomen nescio）（某氏）と同様に，剣術師
範の特定の名前の代わりである。（訳者注）フリードリヒ 3 世の特権状について
は，拙著『剣術と剣士団体』（152-153 頁）を参照されたい。

28)（訳者注）Liechtenauer, J., Fechthandschrift. In: Germanisches Nationalmu-
seum, Nürnberg. Hs. 3227a, Bl. 32a. この写本は 1389 年に作成された百科全
書的写本であり，この写本に含まれている J. リーヒテナウエルによる剣術はドイ
ツ語による最古の剣術写本と言われている。Leng, R. (Bearb.), Fecht- und Ring-
bücher. In: Katalog der deutschsprachigen illustrierten Handschriften des
Mittelalters, Bd 4/2, Lfg. 1/2: 38, München 2008, S.16. 拙著『剣術と剣士団
体』（107-130 頁）。

29)（訳者注）Liechtenauer, J., Ibid., Bl. 14b.

30)（訳者注）ここで言われるレックヒナーの剣術書は，注 18)のハイデルベルク写本

（Bl. 21a）のことである。

31）（本文）Lecküchner, H., Ibid., Bl. 102a.

32）（本文）Lecküchner, H., Ibid., Bl. 26b.

33）（訳者注）K. ヴァスマンスドルフの論文に出てくる「フランクフルト市文書館」は，1992 年に「市立文書館」（Stadtarchiv）から「都市史研究所」（Institut für die Stadtgeschichte）に変更された。都市史研究所が所蔵しているマルクス兄弟団に関する文書（Fechtergesellschaft: Akten des Rates und Akten der Gesellschaft. Institut für Stadtgeschichte, Frankfurt a. M., Rep. 7 Uglb A 69 und Rep. 168.）は，「団体文書」（Akten der Gesellschaft, Rep. 168）と「参事会文書」（Akten des Rates, Rep. 7 Uglb 69）という表題を持つ二つの紙箱に保管されている。これらの文書については，拙著『剣術と剣士団体』（155 頁）を参照されたい。

34）（訳者注）Mair, P. H., Kunstfechtbuch. In: Sächsische Landesbibliothek−Staats- und Universitätsbibliothek Dresden, Mscr. Dresd. C 93/94. マイルの剣術論については，拙著『剣術と剣士団体』（131-143 頁）を参照されたい。

35）（訳者注）Die Ringer=Kunst des Fabian von Auerswald, erneuert von G. A. Schmidt Turnlehrer zu Leipzig, mit einer Einleitung von Dr. K. Wassmannsdorff in Heidelberg. Leipzig 1869.

36）（訳者注）P. H. マイルは羽剣士には言及していないが，マルクス兄弟団の団員ではない自由剣士に言及している。Mair, P. H., Opus amplissimum de arte athletica et gladiatoria nec non tourneamentorum quaevocantur equestrium. Österreichische Nationalbibliothek, Wien, Cod. Vindob. 10825, Bl. 13r. 拙著『剣術と剣士団体』（136 頁）を参照されたい。

37）（本文）Mair, P. H., Kunstfechtbuch. Mscr. Dresd. C 93/94, Bl. 12b.

38）（訳者注）Edlbeck, B., Ordentliche und Gründtliche Beschreibungen des grossen schiessen, mit dem Stahl oder Armbrust in Zwickau. Dresden 1574. Bl. 81a-86a, 107a-109a.

39）（訳者注）しかし，フランクフルトの都市史研究所が所蔵するマルクス兄弟団に関する文書の中で，アウグスブルクの参事会からフランクフルト a. M. の参事会に当てた 1567 年 3 月 7 日づけの書状は，「自由剣士」という表現を使用している。拙著『剣術と剣士団体』（220-222 頁）を参照されたい

40）（訳者注）拙著『剣術と剣士団体』における 1575 年 9 月 6 日の請願状の邦訳全文（223-224 頁）を参照されたい。

41）（原注）フランクフルト a. M. において「長い」剣の師範に叙任されたマルクス兄弟に関する（フランクフルト文書館における）目録は，初めて 1583 年に始まる。

上述の証書の「師範」が兄弟団の団長を意味するのかどうか，またフランクフル
トに「定住する師範」を意味するのかどうか，不明である。（訳者注）フランク
フルトa.M.の都市史研究所が所蔵するマルクス兄弟団の団員の目録に関する文
書には，1583年から1716年までの団員の師範叙任の年，姓名，職業，出身地
などが記載されている。拙著『剣術と剣士団体』(202-208頁)を参照されたい。

42) （原注）1487年のフリードリヒ3世の特権状において記載されている特権のこと
である。

43) （訳者注）拙著『剣術と剣士団体』における1576年4月19日の請願状の邦訳全
文（224-225頁）を参照されたい。

44) （訳者注）「枝の主日」は「復活祭」前の最後の日曜日である。Grotefend, H.,
Taschenbuch der Zeitrechnung. Hannover 1991[13], S. 85.

45) （訳者注）フランクフルトa.M.の都市史研究所におけるマルクス兄弟団関係の文
書の中に，「参事会の処置」に関する文書を確認することはできなかった。第二
次世界大戦中の1944年の戦火で焼失した可能性がある。拙著『剣術と剣士団体』
における161頁の注16)を参照されたい。

46) （訳者注）フランクフルトの参事会に対するマルクス兄弟団の請願状は，本文に
おける前述の1575年9月6日と1576年4月19日の文書のほかに，1578年9
月11日・1579年3月9日・1580年3月23日づけの文書を，都市史研究所に
おいて確認することができた。請願状については，拙著『剣術と剣士団体』(222-
225頁）を参照されたい。

47) （訳者注）ルドルフ2世による羽剣士団に対する特権状の内容については，次の
論文を参照されたい。Baader, J., Ordnung der Federfechter zu Prag. In: An-
zeiger für Kunde der deutschen Vorzeit, Neue Folge, Bd. 12, 1865, S. 461-
464; A., Ueber Fechtspiele und Fechtschulen in Deutschland. In: Büsching,
J. G., Wöchentliche Nachrichte für Freunde der Geschichte, Kunst und Ge-
lahrheit des Mittelalters, Bd. 3, Breslau 1817, S. 305-335.

48) （訳者注）剣術興行に関するベーメン語による規定については，確認することが
できなかった。

49) （訳者注）注47)を参照されたい。

50) （訳者注）「聖ファイトの日」は「6月15日」である。Grotenfend, H., Ibid., S. 105.

51) （訳者注）「羽の自由剣士」が「マルクス兄弟」に宛てた1608年2月10日の招
待状は羊皮紙に書かれており，現在ではフランクフルト a.M.の都市史研究所が
所蔵するマルクス兄弟団に「団体文書」(Akten der Gesellschaft: Rep. 168)に
含まれている（文書番号は「F-I. Nr. 9」）。注33)を参照されたい。

52) （原注）F. L. Frisch の『Teutsch=lateinisches Wörterbuch』(Berlin 1741) は，

「Federfechter」（羽剣士）を簡単に「Pugies Pragenses」（プラハの短剣）と説明している。（訳者注）該当頁を確認することはできなかった。

53）（訳者注）フランクフルトの都市史研究所が所蔵するマルクス兄弟団関係文書の中に，この文書を確認することはできなかった。なお，マルクス兄弟団の団員になるためには，団員である剣の師範による試験に合格して，「誓約した師範」（angelobter Meister）になる必要があった。誓約した師範は，2年以内にフランクフルト a. M.に赴き，兄弟団による入団試験を受ける必要があった。拙著『剣術と剣士団体』（194-196頁）を参照されたい。

54）（訳者注）「ルカス兄弟」と称する剣士たちの団体については，確認することができなかった。

55）（訳者注）本章で翻訳しているヴァスマンスドルフの著作の32-45頁に所収されている「1579年のニュルンベルクの剣術興行詩」のことである。本訳書の巻末の「本訳書の出典」における該当箇所を参照されたい。

56）（原注）ゲットリング＝シャイドラーの言う「羽」という武器，つまり打撃のための武器，特に刺突のための軽いデッゲンという武器に関する説明が，C.H.ヘンデルの著作（Hendel. C. H., Archiv für Deutsche Schützengesellschaften. Bd. I, Halle 1802, S. 106）から取り出されているのかどうか不明である。ヘンデルは次のように述べている。「（ベーメン語の）デュゼック，あるいはより良くテゼック。この道具はドイツ人には羽と呼ばれた。それゆえ，これを利用する人々は羽剣士と呼ばれた」。しかし，いかなる史料においても，いかなる辞書と剣術書においても，「羽」という武器は登場してこない。ヘンデルにおいては，この武器は羽剣士という名称を説明するためにだけ考案されている。（訳者注）Göttling, C. W., Thüringische Fechterfamilie Kreußler. In: Thüringer Volksfreunde, 1829, S. 345 ff.; Scheidler, K. H., Kurze Geschichte der Fechtkunst in alter und neuer Zeit. In: Deutsche Turn-Zeitung, 1864, S. 4-7, 25-28, 65-68, 169-171, 180-181, 203-205. 注 1)も参照されたい。

57）（原注）この師範（Meister des langen Schwerts von Greifenfels über die Gesellschaft der Freifechter von der Feder）については，D. Gottfr. Rud. Pommers al Bugenhagen の『Sammlungen historischer und geographischer Merkwürdigkeiten, nach des Verfassers Tode aus seiner zum Druck völlig fertig gemachten Handschrift herausgegeben von Kästnern』（Altenburg, Richter, 1752, S. 184.）を参照されたい。ブーゲンハーゲンは1688年に生まれ，1749年2月14日に死去した。彼の叢書は既に一度1726年に出版されたが，そこでは証拠の例示はない。F. L. Jahn の『Deutsche Turnkunst』（Berlin 1816, S. 278 f.）も参照されたい。

58）（原注）雑誌「Ost und West」（1848）の119頁を参照。レオポルトの紋章状は，

私が利用したときには，プラハの文書館には存在しなかった。（訳者注）該当論文を確認することはできなかった。

59) （訳者注）残念ながら，この広告状をフランクフルト a. M.の都市史研究において確認することはできなかった。注 33)を参照されたい。

60) （原注）Alsatia, Jahrbuch für elsässische Geschichte, Sage, Alterthumskunde, Sitte, Sprache und Kunst, im Vereine mit befreundeten Schriftstellern, herausgegeben von Aug. Stöber, Jahrg. 1853. VIII. Die unterbrochene Fechtschule, ein Sittenbild aus dem 16. Jahrhundert, von Ludwig Schneegans, S. 180-192, hier S.183.

61) （原注）Aug. Vischer: Tractatus duo juris duellici universi quorum prior de duello proviso, postfrior esice de duello improviso. Jenae 1617, 479 sq.

62) （本文）Vischer, A., Tractatus etc., S. 479.

63) （原注）「端」（Ort）とは剣の端あるいは先端のこと。このように，長剣の剣先で突いたり，顔を剣の柄で突くことは禁止されている。「激突」（Ein laufen）とは，格闘のために相手を掴むこと。腕を折ることと眼を掴むことは，古い格闘写本ではしばしば現われる。

64) （原注）これについては，次のように考えられる。剣術師範は（彼らの威厳の印として棒を携帯した），余りに激しい戦いや不誠実な戦いを中断させるために，棒を持っておく。既にトーナメントでも，同様の棒の使用が現われている。古い表現の「私は棒を切望する」（ich ger (begehre) der Stangen）は，「私は相手に対する保護を願う，私は打ち負かされる」を意味する。

65) （原注）G. Gumpelzhaimer は『Gymnasma. De exercitiis Academicorum. Argentinae 1621』の 172 頁で，この箇所に次のような小さな変更を加えている。私の剣術興行では，上下への突，あらゆる不誠実な技が禁じられ，正当であるものだけが許される。

66) （訳者注）ニュルンベルクの剣術興行詩については，本訳書巻末の「本訳書の出典」における該当箇所を参照されたい。

67) （原注）Pommers al. Bugenhagen, Sammlungen histor. Merkwürdigkeiten, S. 181. （訳者注）本書については，注 55)を参照されたい。

68) （訳者注）Pommers al. Bugenhagen, Ibid., S. 186.

69) （原注）Georgii Gumpelzhaimeri Gymnasma de Exercitiis Academicorum. Edidit. Joh. Mich. Moscherosch, Argentinae 1652, p. 252.

第4章
道化師フレクセルによるハイデルベルク
弩射撃大会（1554）の詩

図4　チューリッヒの弩射撃大会（1504年）

　アウグスブルクの道化師リーンハルト・フレクセルは，一連の射撃大会について脚韻を踏んだ讃辞を書き残している。これらの射撃大会では，彼は息子のヴァレンティンを伴い，彼の助けを受けながら職務上「射手たちの従者」として働いた。

　フレクセルの脚韻詩の中で最初のものであり，1554年10月21日に告示されたハイデルベルクでの弩による射撃大会に関する描写については[1]，国立文書館や市立文書館そして公立図書館への様々な問い合わせから明らかになったことであるが，昔の草稿は残っていない。同様に，ハイデルベルクの射撃大会に招待する射手状も，どこにも見当たらない。

　しかしながら，フレクセルの最初の詩が完全に失われてしまったわけではない。ハイデルベルクの参事会役人であるレオンハルト・マイヤー氏が，1793年3月にこの詩の写本を作成した。しかし，彼はこの写本の結末部分，つまり全射手の目録，勝者の目録，そして写本における紋章図とその他の図を省略している。マイヤーが利用したオリジナルは，我々の市立文

書館には存在していない。

　州議会議員のアルベルト・マイズ氏がこの写本を所有しており，彼はこの写本の公刊を私に任せてくれた。わがハイデルベルク大学の今年の開学記念祭が，フレクセルの詩を一般に知らせるのに適した時であるように思われる。それは，この詩が本来持っている詩的な価値のためではない。むしろ，この作品が昔のハイデルベルクとハイデルベルク市民の武器訓練について，そして選帝侯フリードリヒ 2 世が居城の住民に対して戦闘能力を要求したことについて，また彼らが射撃大会に参加したことについて述べているからである。

　私はフレクセルの脚韻詩に関するマイヤーによる写本を，次のような修正を施して復刻した。つまり，写本の正書法は変更しないが，写本に欠けている句読点を付け加えた。写し手の決定的な誤解と誤った読み方は，簡単に訂正した。例えば，マイヤーが「九人衆」（射手の中からそのつど選出された 9 人からなる秩序維持のための委員会）を「従者」と読んだ箇所，また昔の祭では「公開競技」である射手の競技では常に開催された石投げを「旗投げ」と読んでいる箇所など。オリジナルの中でマイヤーが見落とした詩行を，私はフレクセルの別の射撃大会の記述から本文の中に取り上げた [2]。私が付け加えた脚注は，このことについて説明するだけでなく，特にフレクセルの他の脚韻詩から引用することによって，アウグスブルクの道化師による本書の多くの箇所を注釈する。ところで，マイヤーはフレクセルの故郷を誤ってレーゲンスブルクとしている。

　M.メリアンが 1620 年に作成したわが都市の北からのパノラマ印刷は [3]，昔の選帝侯の庭園と「新射撃会館」の図を示しており，本研究の助けとなるだろう。というのは，ハイデルベルクの昔の「射撃堀」と 1554 年の射撃大会の場所の状況とが，厳密には調査されていないからである。もちろん，二つの場所はメリアンのパノラマの（射撃門と）射撃会館の近くに見出される。レオンハルトの『ハイデルベルク旅行案内』（1834 年）が昔の射撃場の状況について述べていることと [4]，比較されたい。

第1節　中世都市の射手制度

　ここでは，昔の射手制度に関する一般的な説明が行われる。

　中世の市民は戦士でもあった。彼らは都市の城壁を築くだけでなく，この城壁の防御も行った[5]。ドイツの諸都市においては，弩（1139年の第二回ラテラノ公会議でキリスト教徒に対する戦闘武器として使用が禁止された）[6]による射撃を仲間同士で訓練する射手団体が，1300年頃より出現している。この射手団体は規約を作り，団長（射手マイスター）を選出し，練習場として都市を取り巻く堀の乾いた部分に「射撃堀」を確保し，既に早くから自らの射撃会館をも建設している。至る所で，都市当局は射撃競争によって市民の真面目な武器訓練を奨励している。このために，都市当局は特別な賞品（例えば，いわゆるズボン布）を提供し，その獲得については「若い射手」（少年）をも考慮した独自の規定を定めている。そして，ある都市の「射手マイスターと一般の射撃仲間」が大規模な射撃競争を公告し，このために他の都市の射手仲間を招待しようと望む時には，射手たちにはあらゆる援助が保証され，この大会は都市自体の業務と見なされた。同様に，良い射手は他の射撃大会を訪問する時には，都市会計から援助を受けた。

　15世紀になると，火器の一般的な使用と傭兵制度の導入のために，それ以前の戦闘方法が変化し，都市の市民による射撃訓練の評価も変化した。今や，市民の射撃訓練は主として男性的な技芸の訓練として，あるいは正当な名誉心を満たすものとして現れる。その場合，16世紀全体を通じて銃射撃と並んでなおも弩射撃が保持され，同時代の人々からはより高貴なことと高く評価された，という事情は考慮に値する。そして，君主自身が射撃大会を開催し，射撃の開催に許可を与える時（例えば，1560年のヴュルテンベルクのクリストフ公や，ハイデルベルクでの1554年の選帝侯フリードリヒ2世のように），弩だけで射撃をするのではない場合には，弩射撃が多くの場合に銃射撃に先行し，いわゆる「最高」である主要賞品に関しては銃による射撃よりも弩による射撃の方が高額を約束された。ドイツ民族の発展史の中では，ある意味で，市民の射撃大会が以前のトーナメントと交代した[7]。市民の射撃大会は，祖国の共通感覚の公的な表明であった。君主，貴族，学者が標的のある同じ場所で，純朴な市民と農夫と一緒に射撃をした。招

待された射手たちは心から歓迎を受けた。そして，公開射撃大会は「ドイ
ツの市民階級が最も名誉であり，最も親切である特性を表明する」形式と
して現れる。

第 2 節　ハイデルベルクの射手制度

　選帝侯フリードリヒ 2 世がハイデルベルクの射手に 1554 年に許可した
射撃大会は，我が都市にとっては，この種の最初の祭ではなかった。以下
では，1554 年までのハイデルベルクの射手制度について私が知り得たこと
が，簡潔に示される。

　既に 1455 年の 10 月 28 日にフリードリヒ勝利侯は，バーデンの射撃大
会に参加した後に，バーデンの辺境伯を讃えるためにハイデルベルクで射
撃大会を開催した [8]。リュクスナーのトーナメント書によれば 1481 年にハ
イデルベルクでトーナメントが開催されたが [9]，このトーナメントに続い
て，射手の「射撃場」で「銃と弩による標的射撃大会」が行われた。この
射撃大会は選帝侯フィリップが告示し，帝国に公告させていた。この射撃
大会はまるまる一週間続いた。この「公開射撃大会」では，多数のトーナ
メント参加者が，都市の防衛能力のある市民と，祭に来た射手と一緒に射
撃をした [10]。

　ハイデルベルクにおける「射撃堀」は，1505 年に言及される。選帝侯フィ
リップは，（カールスルーエの州立文書館における「プファルツ伯親書控帳 XVII」
によれば）[11]，この年にケルンから来た「弩製作者」であるハインツ・ホイ
スに対して，「ハイデルベルクの射撃堀にある住居が，生涯あるいは彼の手
工業である弩製作を許されている限り，与えられる」ように命令した。選
帝侯は「それによって（この住居－保証によって），彼をわが都市の従者に任
命し，雇用した」。

　モネは，次のように報告している [12]。「プファルツ伯は 1509 年まで毎年
ハイデルベルクの銃射手に対して，16 ポンド・ヘラー（36 フロリン 48 クロ
イツ）[13]の贈り物を送った。その後は，彼らにズボンが贈られた」。

　カールスルーエの州立文書館は，1513 年の「ハイデルベルク市射手規則」
を保管している [14]。体育とトーナメントに熟練した選帝侯ルードヴィッヒ

5世は，「1513年の聖霊降誕祭後の土曜日にハイデルベルク」で，当地の銃射手に「参事会が与えた賞品に関する規定」をも含む相当に包括的な規則を与えた。さらに，この規則では「ハイデルベルクの通常の標的のある場所」についても語られている。しかしながら，射撃場の状態については述べられていない。

　しばしば言及される1524年のハイデルベルクの弩射撃大会は，当時ニュルンベルクで開催された帝国議会を訪問した君主たちとの友好を維持することを企図して開催された一連の祝祭の中で，最初の大会であった。選帝侯ルードヴィッヒ5世がこの最初の「遊び」を開催すべきであり，選定侯は帝国議会が終了した後に直ちにハイデルベルクで射撃大会に必要なあらゆる準備を行った。

　　　ハイデルベルクの都市城壁の背後で，シュパイエルに向かう門の遠くない所に，美しくて広く楽しい野原がある。ここで，山に向かって壁（この壁に吊り下げられた標的の台）と標的が設置され，これに向かって射撃が行われた。上方高くには精巧な噴水があり，そこから水が落ちてきた。射手が座る所では，射手の顔と標的は太陽に妨げられない。また，雨に妨げられないように，半円形のテントと小屋が作られた[15]。

　「要請された人として」，つまり特別な書状によって招待された人として，20人の君主，さらに多くの伯爵と男爵がハイデルベルクに到来し，近隣の都市からも非常に多くの市民がやって来た。良い射手のために「定められた」賞品は，当時公表された「射手状」において確かに列挙されている。しかしながら，この射手状は保存されているとは思われない。1524年の祝祭会場は，ハイデルベルクの射手仲間が使用していた通常の「射撃堀」ではなく，「ゼーガルテン」（という地名がある土地）であった。M.ヘーベラーは，彼の著作で次のように報告している[16]。

　　　この庭（ゼーガルテン）では，しばしば，住民による行進の検閲や騎士の運動が行われた。私は，ここで選定侯ルードヴィッヒ5世が1524年にこの庭で開催した記憶すべき弩射撃大会について，報告すること

を怠ることはできない。この射撃大会には，伯爵や男爵そして他の騎士たちを除いて，16 人もの聖俗君主が参加した。

　「多額の費用」をかけて開催されたこの「社交的射撃大会と友好祭」では，「飲み過ぎのために」君主が交わした契約が注目に値する。君主たちによるこの節制－契約について，H.トーマスが報告していることよりも詳しいことを，ヘーベラーが先に挙げた著作で報告している [17]。

第 3 節　ハイデルベルクの射撃堀

　1524 年から 1554 年までにハイデルベルクで開催された射撃大会の時代には，都市の射撃仲間は射撃の練習と小さな賞品射撃大会を，通常の射撃場で開催していた。ハイデルベルクの「射撃堀」であるこの場所は，もちろん，広々としたゼーガルテンではなかった。むしろ，「射撃堀」という名称から推察されるように，昔から，都市の防衛施設である堀の一部が射撃練習のために利用されている。この練習場が既に 1505 年には独自に建設された射撃会館を備えていたということは，先に挙げた報告 [18]が示している。立派に設置された射撃会館については，1554 年の射撃大会に関するフレクセルの脚韻詩も述べている [19]。恐らく，ハイデルベルクの「射撃堀」は 1554 年の射撃の時には，「昔の」選帝侯の庭（いわゆる「君主の庭園」）の南側に位置していたように思われる。ここでは，選帝侯の家臣たちがトーナメントと，いわゆる「槍的突き」を開催していた。この大きな庭は「プレック」[20]にあり，ほとんどの主要道路に通じていた。東側は今の劇場通りまで進む。ルター教会あるいはプロヴィデンツ教会（1661 年に完成）も，かつての君主の庭園の一部にある。最初に作られた「平和通り」（1885 年 11 月）も，あの庭園の一部を通っている。「プレックの後ろ」，つまりハイデルベルクの射撃場にある「銃射手会館」は，1548 年に言及される [21]。今なお残る通りの名前である「射撃門」と都市の昔のパノラマに見られる「射撃会館」の図は，もちろん，既に述べた見解を支持する。つまり，1505 年の「射撃堀」と 1554 年の弩射撃のための祝祭会場とは，いわゆる「紳士の庭園」の近くに見出された，という見解である [22]。

前述した M.メリアンの『新射撃会館』から認められるように，恐らく，ハイデルベルクの「射撃堀」に最初から設置されていた「射撃会館」は，しばしば改築されていた[23]。フレクセルの詩は，30 もの（屋根のある）丸い塔があるこの会館の大規模な装飾について述べている。しかし，プファルツ伯オットー・ハインリヒが著者の求めに応じて届けてくれた S.ミュンスターの『世界現状記』（1550 年）では[24]，ハイデルベルクの光景がこの装飾を示してはいない。

第 4 節　道化師フレクセルによる射撃に関する記述

この序論の最後に，L.フレクセルによる射撃の記述について，ひと言触れておきたい。

我々の詩人はアウグスブルクの市民であり，あちこちでフレクスラインと称し，また自らルッツとも称している。我々は彼の人物と生涯について多くを知ってはいない。(1) 1554 年のハイデルベルクの射撃大会に関する賛歌が，既に見たように，フレクセルによる最初の作品として挙げられる。この射撃大会賛歌の昔の原稿については，それが残っているとしても，既に緒言で述べたように，私はその痕跡を辿ることはできなかった。私の知る限り，フレクセルのこの作品はまだ印刷されていない。

アウグスブルクの道化師による次の射撃大会賛歌は，(2) 1555 年にパッサウで開催された『銃射撃大会の公式記録』（Cod. Palat. No. 686）[25]である（ハイデルベルクの射撃大会に関するフレクセルの賛歌に関する私の注では，P で示す）[26]。次は，(3) ウルムで 1556 年に開催された大規模な射撃大会に関する脚韻詩（U）である。この詩は新しい言語で，しかも最後を省略して J.シャイブレの『閏年』（1847）において印刷されている[27]。G.フェーゼンマイヤー教授はシャイブレのシュツットガルトでの印刷を知ることなく，ウルムの写本から『ヴュルテンベルク地方史』（1882）において多くの箇所を印刷している[28]。フレクセルによるその他の脚韻詩としては，次の記録が挙げられる。(4) 1558 年のロットヴァイル（R）[29]，(5) 1560 年のシュツットガルト（St）[30]，(6) 1563 年のウィーン（Wi）[31]，(7) 1569 年のインスブルック（I）（A.エーデルマンが 1885 年にインスブルックのワーグナーの所で昔

の印刷に従って復刻しているが，彼は著者の名前として「Valentin Fläxl」を挙げている）[32]，(8) 1575 年のヴォルムス（Wo）（1862 年にヴォルムスで A. K.ベーニンガー出版から若干の図と共に刊行されており，Cod. Palat. 405 も同様にこの射撃大会を記述している）[33]，(9) 1577 年のミュンヘン（M）の射撃大会が挙げあられる。このミュンヘンの射撃大会については，『第 7 回ドイツ射撃大会祝祭新聞』（E.フォン・デストウケスの素晴らしい研究である『ミュンヘンの射手制度と射手祭』）が，フレクセルの脚韻詩の多くの箇所と，写本からの若干の図を伝えており，211 頁では最後の 9 行を写真版で再版している[34]。

　1555 年と 1560 年そして 1575 年の射撃大会については，写本が残されている。私が目を通したこれらの写本におけるフレクセルの記述に関して，最初に報告しなければならないのは，フレクセルがこれらの記述を自ら書き残したのではない，ということである。稀な子音反復と多くの方言的特性にもかかわらず[35]，我が詩人による別の射撃大会賛歌に見られるような常に誤りがないわけではない印刷を除けば，各々の写本はフレクセルによる本書の詩を訂正するのに役だった。この訂正については，その必要性を既に示しておいた。

　1554 年のハイデルベルクの射撃大会に関する記述が実際にフレクセルの作品であるということは，私が目を通すことのできたこのアウグスブルクの道化師による先に挙げた脚韻詩が証明している。フレクセルは彼の詩作品を作成する際には，いつも繰り返す計画を守っている。この計画によって彼は，しばしば包括的で多様な仕事が容易になり，より大きな箇所を各々の新しい祝祭記述に採用することができた。射撃大会では一定の経過が同じであったがゆえに，例えば「手紙」すなわち招待状の内容や，矢を隠す「鏡」と「時計」を備えたいわゆる射撃壁の設置などが同じであったがゆえに，フレクセルがある射撃大会について述べなければならなかったことは，別の射撃大会についても当てはまる。何か特別なことは，いつもの言い回しと詩の中に簡単に挿入された。どんな射撃大会でも射撃会館，様々な遊戯のための施設，料理，特別に掘られた泉などが挙げられ，記述される時，それはほとんど常に同じ言葉で行うことができた。フレクセルの脚韻詩に関するそのような一致については，ハイデルベルクの射撃大会に関する記述を印刷した本書の中で，幾つか証明されるだろう。

フレクセルの射撃大会写本は，君主と他の射手のすべての祝祭訪問者の名前と，しばしば個人と都市の美しい紋章図とを挙げており，同様に様々な「4分の1組」という射手の組分けを挙げ，そのほかにも例えば賞品の旗や「布で覆われた牛」（そのような賞品が「最高」つまり主要賞品である時には，道化師などが飾った）の図もある[36]。我らの参事会役人は，1554年のハイデルベルクの射撃大会の記述にも確かに欠けてはいないフレクセルの諸脚韻詩のこの最後の章を，その僅かな部分しか彼の写本の中に取り上げていない。彼はその理由を最後に示している。けれども，1554年の射撃大会に関するフレクセルの賛歌の完全版がなお存在するとすると，それは我々にとって疑わしいこの間隙を埋められるだろう。

注

1) （原注）L. Uhland の『Schriften zur Geschichte der Deutschen Dichtung und Sage』（Stuttgart 1865, V, S. 299）では，本書で取り上げる詩が少なくともフレクセルの最初の詩として言及されている。

2) （訳者注）フレクセルによるハイデルベルク以外の「別の射撃大会の記述」に関しては，後述の注26)-35)を参照されたい。

3) （訳者注）File: Heidelberg-Panorama von Matthaeus Merian 1620.jpg. URL: https://commons.wikimedia.org/wiki/File:Heidelberg-Panorama_von_Matthaeus_Merian_1620. jpg. (2020.12.21.)

4) （訳者注）Leonhard, C. C. von, Fremdenbuch für Heidelberg und die Umgegend. Band 1: Mit holzschnitten und eingedruckten Litographien. Heidelberg 1834, S. 124.

5) （原注）Schreiber, G., Die Schützengesellschaften zu Freiburg im Breisgau. Freiburg (Wangler) 1846, S. 1.ドイツの昔の射手制度に関する主要な研究は，Erdmann, J. F. G., Versuch Zu einer umständlichen Historie von öffentlichem Armbrust= und Büchsen= Schiessen. Leipzig 1737 と，Hendel, J. C., Archiv für deutsche Schützengesellschaften. Halle, Bd. II 1801, Bd. III 1803 である。スイスの射手制度と射撃大会に関する論文で特に素晴らしいのは，Stalder, A., Fragmente über Entlebuch. Th. II, Zürich 1798, S. 183-354 である。これらの資料に基づいているのが，Freytag, G., Bilder aus der deutschen Vergangenheit. Leipzig 1876, II, S. 298 f.である。昔の射手制度に関する雑誌論文(それらのほとんどは1560年のシュツットガルトの射撃大会に関するフレクセルの詩作品に依拠している）については，次の研究だけを挙げておく。Klaiber, J., Die Stuttgarter Schützenfeste im 16. Jahrhundert. In: Besonderen Beilage des Staats= Anzeigers für Württemberg von 1875, No. 1, S.

1-8. ドイツの射手制度に関する最近の著作については，次のものを挙げておく。Kel-chner, E., Drei Frankfurter Schützenfeste 1582, 1671, 1707. Frankfurt a. M. (Auffarth) 1862; Vögelin, A. S., Das Freischießen von 1504. In: Neujahrsblatt der Stadtbibliothek in Zürich, 1867, S. 1-9 (mit dem Schützenbriefe von 1504 und dem zu dem Züricher Büchsenschießen einladenden Briefe von 1472.); Wust-mann, G., Das Freischießen zu Leipzig im Juli 1559. Leipzig (Seemann) 1884.（訳者注）ドイツ中世後期の都市における「射手団体」と「射撃大会」あるいは「公開射撃大会」については，次の拙著を参照されたい。ドイツ中世後期のスポーツ―アウグスブルクにおける「公開射撃大会」―，不昧堂出版，1998 年。

6)（原注）Büsching, J. G., Ritterzeit und Ritterwesen. Bd. II, Leipzig 1823, S. 230. 教皇イノセント 3 世はこの禁令を繰り返した。

7)（原注）1526 年にプファルツ伯フリードリヒが皇帝カール 5 世に謁見し，皇帝が彼に対して「スペインの騎士遊戯と運動」を特別に賞賛した時，このドイツの君主は祖国における「弩射撃大会」に関連して次のように答えた。「かつてドイツではトーナメントとレネンとが最も習慣的であったが，今やドイツ人はそこから離れ，弩射撃大会に精魂を傾けている。君主や貴族そして市民が，この射撃大会に興じている」。Leodius, Hub. Thomas, De vita. principis Friderici II. Elect. palat. 1624. H. M. Salinator によるドイツ語版：Spiegel des Humors Grosser Potentaten. Schleusingen 1628, S. 180。（訳者注）Hubertus, T. L., Annalivm de vita et rebvs gestis illvstrissimi principis, Friderici II. electoris Palatini. libri XIV. Frankfurt a. M. 1624.

8)（原注）Mone. F. J., Quellensammlung der badischen Landesgeschichte. Bd. I, Karls-ruhe 1848, S. 404. 三人の君主が，次の聖霊降臨祭に「ハイデルベルクで」「トーナメント」を挙行することを決定した。

9)（訳者注）Rüxner, G., Anfang, vrsprung, vnnd herkommen des Thurnirs in Teutscher nation. Siemern 1530, Bl. 322v-344v.

10)（原注）H. Wirth, H., Archiv für die Geschichte der Stadt Heidelberg. Bd. 1, Heidel-berg 1868. この書に印刷されている「1486 年の画家ヨスト・ピルクハンマーによるトーナメント規定」（233 頁と 241 頁以下）を参照。ピルクハンマーはハイデルベルクのトーナメントを 1482 年としている。しかし，リュクスナーの 1481 年という指摘（「1532 年にジーメルン」で印刷されたトーナメント書の第二版の 173 丁）の方が，もちろん正しいだろう。というのは，ルードヴィッヒ・フォン・アイプの 1519 年の手書きのトーナメント書（ミュンヘンの王立図書館蔵）も，この年を挙げているからである。ピルクハンマーは彼の著作を，騎士であるハンス・フォン・ゼッケンドルフに献呈している。この騎士は「銃射撃の非常な愛好家として」として多くの良い射撃を行ったが，「主要賞を獲得したのはエンゲルハイムの仕立屋であった」。この主要賞は史料では

「最高賞」と言われている。射手状の当該箇所の説明によれば、「この賞品は100グル
デンであった。しかし、ハイデルベルクの人たちは、仕立屋にこの賞を引き渡そうとは
しなかった。このため、そこにいたわが殿下がこの賞品を引き取ったので、ハイデルベ
ルクの人たちもやむなくこれに従い、この賞品は仕立屋の権利となった」。また、命中
を獲得した訪問者にも賞品が与えられた。騎士であるハンス・フォン・ゼッケンドルフ
は、ここで述べられていることによれば、二等賞を獲得した。「二等賞は一頭の牛であっ
た。騎士はこの牛を、エンゲルハイムの仕立屋が牛の背に乗って町から出て行くという
条件で、彼に譲った。仕立屋は人々の大きな楽しみのために、牛に乗って行った」。写
本の図には、左手に大きな鋏を持って雌牛に乗っている仕立屋が描かれている。彼の背
には銃がぶら下がっている。「覆われた牛」、つまり絹の覆いで飾られた牛は、1554年
のハイデルベルクの射撃の場合のように、しばしば賞品であり、しかも時には「最高賞
品」であった。ピルクハンマー本が「今や我々の目の前にあるように、決定的に誤りで
ある」というローゼンベルクの判断には、私も同意する。（訳者注）Pirckhammer, J.,
Heidelberger Turnierbuch. Heidelberg (?) 1886, S. 40-42; Eyb, L. von, Turnierbuch.
um 1525. In: Bayerische Staatsbibliothek, München, Cgm 961; Rosenberg, M., Quel-
len zur Geschichte des Heidelberger Schlosses. Heidelberg 1882, S. 78. リュクスナー
については、注9)を参照されたい。「ローゼンベルクの判断」について確認することは、
できなかった。

11)（訳者注）この親書控帳（Pfälz. Copeybuch XVII. im General-Landes-Archiv zu
Karlsruhe）の出典を確認することは、できなかった。

12)（原注）Mone, F. J., Zeitschrift für die Geschichte des Oberrheins. XVI, S. 10. この
論文からは、次のことが分かる。「ハイデルベルクでは、1586年に弩射手の団体がプ
ファルツ伯フリードリヒ4世から銀杯を贈り物として受け取った」(Notiz in dem Cod.
Germ. No. 837 zu Heidelberg)。本稿で我々が意図的に触れていない1554年以降の
ハイデルベルクの射手制度に関する報告は、特に選定侯フリードリヒ4世の1596-
1599年の日記と、選定侯の1599年と1600年の支出目録とに含まれている。これら
の記録ついては、「Zeitschrift für Geschichte des Oberrheins」(XXXIII, S. 201 f.)に
おけるヴィレ博士による公刊を見よ。ハイデルベルクの「射撃堀」と並んで、「弩射撃
堀」も言及されている（261頁）。また、（例えば、1600年1月15日と21日には）
「剣術興行」が、つまり賞品を賭けた公開の剣術上演がハイデルベルクの「射撃堀」
で挙行されている。昔の剣術制度と、マルクス兄弟と羽剣士に関するもっと詳しい
ことは、文書館からの史料に基づく私の1870年の論文を参照されたい。（訳者注）
Mone, F. J., Ueber das Kriegswesen. In: Zeitschrift für die Geschichte des Ober-
rheins, Bd. 16, 1864, S. 10. ; Wille, J., Das Tagebuch und Ausgabenbuch des Chur-
fürsten Friedrich IV. von der Pfalz. In: Zeitschrift für die Geschichte des Ober-

rheins, Bd. 33, 1880, S. 201-295, hier S. 201, 261, 291. ; Wassmannsdorff, K. Sechs Fechtschulen aus den Jahren 1573-1614. Heidelberg 1870.

13）（訳者注）ドイツ中世における貨幣価値は，時代と地域によって異なっていた。F.フェルデンハルフェンによれば「1 プフント・ヘラー」＝「240 プフェニヒ」,「1 フロリン」＝「240 プフェニヒ」,「1 クロイツ」＝「4 プフェニヒ」であった。したがって,「16 プフント・ヘラー」（36 フロリン 48 クロイツ）は「16 ヘラー=3840 プフェニヒ，36 フロリン=8640 プフェニヒ，48 クロイツ=192 プフェニヒ」に相当するが，貨幣相互の関係は不明である。Verdenhalven, F. Alte Maß, Münzen und Gewichte aus dem deutschen Sprachgebiet. Neustadt a d. A. 1968.

14）（訳者注）バーデン－ヴュテンベルク州立文書館の一部門であるカールスルーエ州立文書館」(Generallandesarchiv Karlsruhe)の「オンライン検索」(Online-Findmittel, 2020.7.25.) では，該当の史料を確認することはできなかった。

15）（原注）1628 年にシュロイジンゲンで刊行され，先に挙げた Hubertus Thomas（6. Buch, S. 144）の翻訳を見よ。（訳者注）注 7）を参照されたい。

16）（本文）Heberer, M., Aegyptiaca Servitvs. Das ist Warhafte Beschreibung einer dreyjährigen Dienstbarkeit. Heidelberg 1610, S. 9.

17）（原注）ハイデルベルクの射撃大会の終了後まもなく，プファルツ伯フリードリヒはアンベルクで，若干の君主しか訪れない弩射撃大会を，ハイデルベルク大会と「ほとんど同じ規模」で計画した。バイエルン公ルードヴィッヒと他の君主は，彼らの射撃大会を翌年の 1525 年に延期した。しかしながら，この年に勃発した農民戦争によって，ハイデルベルクで決定された君主の射撃大会の以後の開催は挫折した。

　　過度の飲食に対するこれ以前の協定と他の協定に関しては，L. Häusser の『Geschichte der rheinischen Pfalz. Heidelberg 1845』(I, S. 589 f.) を参照されたい。上プファルツのアンベルクの市長と参事会が 1527 年 8 月の弩射撃と銃射撃に招待するために作成したアンベルクの射手状が，他の射手状の内容に全く反して，飲食に関する内容を含んでいることは，注目に値する。プファルツ伯フリードリヒの「特別に寛大な許可と承認によって，またプファルツ伯の慈悲を讃えて，友好的な娯楽と社交を強めることと余興のために」,「友好的かつ社交的な射撃大会」が開催されるはずであった。しかし，この書状は終わり近くで次のように述べている。プファルツ伯は以下のことを考慮した。「著しく神を冒涜することや，呪詛，他のさまざまな口論，争い，面倒なことは飲酒に起因する。それらのために，プファルツ伯はあらゆることを予防し，平和と協調を維持するために，宮中官と一緒になって，尊敬すべき利益と善と見なされることを目指した。射手であろうと誰であろうと射撃大会に参加した何人も，いつも行われているような言葉や身振り手振りで，乾杯や献杯をしてはならない。(Hub. Thomas in der deutschen Uebersetzung, S. 144

を参照。）（訳者注，注7)を参照）。また，何人もそのようなことを挑発したり，引き起こしたり，要求してはならない。こうしたことに違反すると，罰として，規定の射撃数から1射を取り除くか，射手でない者からは1グルデンを徴収する。しかし，射撃をしない者や金のない者は，別の方法で処罰される。各人がそのような点を用心し，処罰に不平や不満のないことを期待する」。(訳者注) Heberer, M., Aegyptiaca Servitvs. Heidelberg 1610, S. 9-15; Häusser, L., Geschichte der rheinischen Pfalz nach ihren politischen, kirchlichen und literarischen Verhältnissen. Bd. 1, Heidelberg 1845, S. 589 f.

18) (訳者注) 注16)で言及したM.ヘーベラーの著作のことであろうが，該当箇所を確認することはできなかった。

19) (訳者注) 原著であるフレクセルの写本では，次のように述べられている。「私は大きな射手会館が建っているのを見た。このような建物を私は知らなかった。射撃堀にあるこの建物には，あらゆる必要なものが備わっていた。ここには，ワインとパンもあった」。Wassmannsdorff, K. (Hg.), Des Pritschenmeisters Lienhard Flexel's Reimspruch über das Heidelberger Armbrustschießen des Jahres 1554. Heidelberg 1886, S. 8.

20) (原注) 1545年の「Pleck」についてはJ. F. Hautz の『Geschichte der Universität Heidelberg von 1862』(I, S. 470) を，「Bleck, plaga」についてはJ. L. Frisch の『Deutsche=latein. Wörterbuch von 1741』(I, S. 271, 273 und 274.)を参照されたい。(訳者注) Hautz J. F., Geschichte der Universität Heidelberg. Nach handschriftlichen Quellen nebst den wichtigsten Urkunden. Bd. 1, Mannheim 1862; Frisch, J. L. (Hg.), Teutsch-Lateinisches Wörter-Buch. Bd. 1, Berlin 1741. これらの文献の該当箇所を確認することはできなかった。

21) (原注) Wirth: Archiv für die Geschichte Heidelbergs. III, S. 86. （訳者注。注の10)を参照)。ハイデルベルクの市民であり小売商人であるハンス・ナイダッカーは，1548年にプファルツ伯ヴォルフガングに，銃射手会館の後ろ側のプレックにある彼の庭園と葡萄畑を売った。

22) (原注) 1845年（？）に最初に計画された現代の「射撃門」が「レオポルト通り」からプレックへと通じる箇所のことで，恐らく1620年のメリアンの鋼版画（我々の写真を見よ）は，29行で出入口のある塔を示している。この塔の右側には高い（階段＝）塔のある家が続いている。メリアンの「新しい射撃会館」であるこの建物は，U. Kraus の『Panorama, nachgestochen von Jer. Wolf's Erben 1684 (No.22)』で再版されており，「射撃会館」と呼ばれている。(訳者注) 本書の出典を確認することはできなかった。

23) (原注) Pithopoeus の『Annales Academici』(Handschrift No. 1854 der hiesigen Uni-

versitäts=Bibliothek) では，1607 年 9 月に次のような報告がなされている（80b 丁）。
「そこには，射手の訓練のための石の住居である射撃会館がある。この建物は，哲学
通りと呼ばれる新しい郊外地の道路に面しており，この年に建設された」。もちろん，
石で建設されたこの家はハイデルベルクの最初の「射撃会館」ではなかった。1607 年
の哲学通りは，今日の名前の通りとハイリゲンベルゲ通りとを取り違えてはならない
が，もちろん後のいわゆるパリ通りであり，この通りは今日の「レオポルト通り」の元
の通りであった。哲学通りという名称は，あの時代には多くの学部と同様に哲学学部
あるいは芸術家たちが「プレック」に多くの庭園を所有していた，ということから説明
される。1607 年の射撃会館は，恐らく(18)40 年代に図面を引かれた最初の「射撃門」
の所に位置していた。(訳者注) Annales academiae Heidelbergensis. Heidelberg 1590-
1619. In: Universitätsbibliothek Heidelberg, Cod. Pal. lat. 1854.

24)（訳者注）Münster, S., Cosmographei oder beschreibung aller länder, herschafften,
fürnemsten stetten, geschichten, gebraüchen, hantierwungen etc. Basel 1550. In:
Kurpfälzisches Museum, Heidelberg.

25)（訳者注）Flexel, L., Reimspruch auf das Büchsenschießen in Passau 1555. In: Uni-
versitätsbibliothek Heidelberg, Cod. Pal. Germ. 686. フレクセルのこの記録につい
ては，次の文献を参照されたい。Radlkofer, M., (Hg.), Beschreibung des Büchsen-
schiessens im Jahr 1555 zu Passau durch den Augsburger Pritschenmeister Lien-
hart Flexel. In: Verhandlungen des Historischen Vereines für Niederbayern, Bd.
29, 1893, S. 129-172.

26)（原注）タイトルでは「Flexleynn」という名前であるが，本文では「Flexel」である（例
えば，2a 丁）。1577 年の射撃に関するミュンヘンの写本では，この詩人は「Lienhart
lutz」と称し，彼のために「絵を描いた」人物，つまり写本に挿し絵をするのを助けた
息子を「Baltin lutz」と呼んでいる。これに対して，1581 年の都市会計帳簿では「Lienhart
Flaxl」と称されている。最後に，詩人は彼の名前と息子の Balentin の名前として
「Flaxell」さえ挙げている（Festzeitung für das VII. deutsche Bundesschießen. Mün-
chen 1881, S. 211, 213）。1563 年の射撃に関するウイーンの写本では，我々の詩人は
「Fleczell」と呼ばれており，射撃会場で彼を連れ歩いた射手マイスターは彼のことを
もう一度「lieber Flexlein」と呼んでいる。しかし，最後には再び次のように称してい
る。「Liennhartt Flexel が賛歌を作った」。1567 年にバイエルン公アルブレヒトを讃
えてアウグスブルクで開催された「弩射撃大会」（P. H. Mair: Beschreibung Ettlicher
Fürnemer Stahel vnd Püchsen Schiessen. In der Wolfenbüttler Bibliothek）では，
4 人の道化師が招待に応じた。その内の 3 人は，アウグスブルクから来た「Hannß
Steichellin, Flexi と呼ばれる Lienhardt Lucz, 彼の息子の velti vlexi」（95b 丁）で
あった。100a 丁では次のような「4 人の道化師」が挙げられている。「Hannß Steichelin,

Wolff Emerling, Liennhardt Flexi, Velti Flexi.」。Hans Steichelin という道化師は
次の脚韻詩の作者である。『Schützenlob Vnd was sich bey der Schanckhung so die
Rö. Kay. M.: den Schützen auf dem Reichstag zu augspurg anno 1566 gethan ver-
loffen hat』。（訳者注）Destouches, E. von, Münchens Schützenwesen und Schützen-
feste. Historische Festgabe zum Siebenten Deutschen Bundesschießen. München
1881. In: Festzeitung für das siebente deutsche Bundesschiessen, Nr. 5, S. 71-74;
Nr. 6, S. 87-90; Nr. 8, S. 127-130; Nr. 9, S. 143-146; Nr. 12, S. 211-214, 229-232; Nr,
14. S. 249-252; Flexel, L., Beschreibung des Freischiessens zu Wien a. 1563. In: Öster-
reichische Nationalbibliothek, Wien, Cod 76 32 HAN MAG; P. H. Mair: Beschre-
ibung Ettlicher Fürnemer Stahel vnd Püchsen Schiessen. In: Herzog-August-Biblio-
thek Wolfenbüttel, Cod-Guelf. 1. 2. 1 Aug. 2°。拙著，前掲書，37-38 頁。なお，Hans
Steichelin の作品は，確認することができなかった。

27)（訳者注）J.シャイブレによれば，L.フレクセルの写本は次のようなタイトルである。
『Die ordentliche Beschreibung des großen Herrnschießen, das gehalten worden
ist in der hochberühmten Stadt Ulm, als ein Glied und Stadt des heiligen Reichs.
Wie alle Sach ergangen ist vom Anfang bis zu dem End. In eine Reimen verfaßt
durch Lienhart Flexel. Alles ordenlich beschreibung, wie hernach folgt. 1556』。
残念ながら，このオリジナル写本を確認することはできなかった。Scheible, J., Das
große Herren=Schießen zu Ulm. 1556. In: Das Schaltjahr: welches ist der teut-
sche Kalender mit den Figuren, und hat 365 tag. Bd. 4, Stuttgart 1847, S. 341-
345, 467-474, 620-628; Bd. 5, S. 40-48.

28)（訳者注）Veesenmeyer, G., Ein Freischießen in Ulm, im Jahr 1556. In: Württember-
gische Vierteljahrshefte für Landesgeschichte, Bd. 5, Stuttgart 1882, S. 241-250.

29)（訳者注）Otto, J., Das grosze Rottweiler Herrenschieszen anno 1558 von Lienhart
Flexel. In: Alemannia: Zeitschrift für Sprache, Literatur und Volkskunde des El-
sasses und Oberrheins, Bd. 6, 1878, S. 201-228. L.フレクセルのオリジナル写本を
確認することはできなかった。

30)（本文）Flexel, Lienhart, Reimspruch auf das Armbrustschießen in Stuttgart 1560. In:
Universitätsbibliothek Heidelberg, Cod. Pal. germ. 325. Johann Fischart's, genannt
Mentzer, Glückshaftes Schiff von Zürich. In einem treuen Abdruck herausgegeben
und erläutert durch Karl Halling, und mit einem einleitenden Beitrage zur Geschichte
der Freischießen begleitet von Dr. Ludwig Uhland. Tübingen 1828, S. XXXII.

31)（本文）Camesina, A., Das grosse Freischiessen zu Wien im Jahre 1563. Besungen
vom Augsburger-Pritschenmeister Lienhart Flexel. In: Blätter des Vereines für
Landeskunde für Niederösterreich, N. F., IX Jhrg, 1875, S. 32-36; X Jhrg, 1876,

S.101-103.（訳者注）Camesina, A. (Hg.), Das grosse Herrenschiessen mit der Püchsen in Wien im Jahre 1563. Beschrieben von Lienhart Flexel. Wien 1880.

32)　（訳者注）Edelmann, A., (Hg.), Lienhard Flexel's Lobspruch des fürstlichen Freischiessens zu Innsbruck im Oktober 1569. Innsbruck 1885. (nach Cod. germ. monac. 945)

33)　（訳者注）Leonhart Flechsel's gereimte Beschreibung des Frey- und Herren-Schiessens mit der Armbrust und einem Glückshafen, gehalten zu Worms im Jahr 1575. Festgabe zum ersten deutschen Bundes-Schießen im Juli 1862 in Frankfurt a. M. Worms 1862; Lienhart und Valentin Flexel, Reimspruch auf das Armbrust- und Büchsenschießen in Worms 1575. Universitätsbibliothek Heidelberg, Cod. Pal. Germ. 405.

34)　（訳者注）Flexel, L., Lobspruch des Großen Schießens zu München anno 1577 von Lienhard und Valentin Flexel, bearbeitet von H. Stahleder. München 2006. (Faksimile der Ausgabe 1580). Ernst von Destouches の著作については，注27)を参照されたい。ヴァスマンスドルフが挙げたL.フレクセルの射撃大会賛歌については，M.ラードルコファーも指摘している。Radlkofer, M., Beschreibung des Büchsenschießens im Jahr 1555 in Passau durch den Augsburger Pritschenmeister Lienhart Flexel. Mit Einleitung und Anmerkung herausgegeben von Max Radlkofer. In: Verhandlungen des Historischen Vereins für Niederbayern, 1893, S. 129-172.

35)　（原注）これについては，先に挙げた Halling: Joh. Fischart's Glückhaftes Schiff von Zürich. Tübingen 1828, S. XXXII（訳者注，注 30)を参照）において，ウーラントが述べている。

36)　（原注）射撃大会に関するフレクセルの賛歌の個々の図は，先に挙げた若干の印刷で再版されている。（訳者注）射手の組分けや商品などについては，注 5)の拙著における「第 3 章　帝国都市アウグスブルクにおける 1509 年の『公開射撃大会』」（247-336 頁）を参照されたい。

第5章
A.デューラーによる格闘術

図5　A.デューラーの格闘

さて，女性（エリ，老婆）は彼（門）に片脚を出し始めた。門は片足で逃れた。そうして，激しい戦いが行われた。しかし，この戦いは長くは続かなかった。門は跪いた。そこへウトガルドロキが近づき，戦いを停止するように両者に命じた。

K. ジムロック：エッダ[1]，1851。

わが民衆の最古の体育文献の一部が，図書館に数世紀にわたって秘匿された後に，本書において遂に公刊される。この体育文献は，ドイツの体育制度の古さに関する同時代の証拠である。体育を再発見かつ再復活するという要求に対して，ドイツの身体運動の歴史は，ドイツでは太古から様々な民衆層に広がった身体運動が存在していた，という事実を提起しなければならない。このことは，近世の学校体育の父であるJ. B.バゼドウが，16世紀と彼の時代の貴族＝学校と騎士学校における「宮廷＝騎士の訓育」を，市民の青少年の教育の中に導入せざるをえなかった，ということからも明らかである。

　以前のドイツの民衆体育である石投げ，棒投げ，跳躍，競走，水泳など
の中で，生命を危険に晒し，防御する剣術が優先的な地位を占めていたこ
とは，簡単に理解できる。同様に，格闘は元々は古い剣術と密接に結びつ
いていたが，時間の流れの中で剣術から分かれて，ようやく独立した教え
となった。このことについては，差し当たり，アウエルスヴァルトの『格
闘術』の復刻（1869）の序論における私の解説で十分であろう²⁾。

　さて，未だに印刷されていない我々の最古の体育文献である手書きの剣
術書は，徒歩と騎馬での剣術そして格闘以外の体育を取り扱ってはいない。
これらの写本における格闘の教示を特に再版する理由は，近代の剣術の武
器と方法が昔のものと本質的に異なっているのに対して，我々の体育場に
おける格闘術は今でも昔の手段，つまり身体と四肢の力と速さを利用して
いる，という事情にある。剣術写本が速やかに印刷されるかどうかは，我々
の祖先の格闘術が公刊されることにかなりの部分が依存している。こうし
た公刊を待っている剣術写本は，両手で扱う長剣・メッサー・デッゲン（す
なわち，ドルヒ）による剣術に対する教示，戦斧による剣術の図解，徒歩で
の剣術，棍棒と短剣を持っての法的決闘での楯剣術，並びに男性と女性と
の間の法的戦い（ドイツの風俗史にとっても確かに重要な事柄）を含んでいる。

第1節　本書で取り扱う剣術写本の特徴

　ここで，私の研究に利用した剣術写本の特徴を大雑把に示しておこう。
これらの剣術写本のもっと詳細な叙述は，今後ドイツ中世の剣術を編集す
る際に行うことにする。

　剣術に関して残されている膨大な写本の中で，15世紀よりも古いものは
次の写本だけである。「Nr. 3227 a」という整理番号の下にニュルンベルク
のゲルマン博物館が所蔵する叢書（その一部は羊皮紙を含む四六判の紙製の写
本）は，剣術の愛好家が集めた剣術の覚え書きによれば，本書の159頁以
下で印刷されている格闘の章を含んでいる³⁾。この写本は1390年に記述さ
れている。暦の計算によれば，この写本の83b丁に記載されている1390
年という年数が，先ず考慮しなければならない年数と思われる⁴⁾。すべて
の写本においてドイツの剣術の創設者とみなされ，本写本においても格闘

術を発展させた人とみなされる「師範・リーヒテナウエル」について，この写本は13ｂ丁で次のように述べている５)。

　　　特に次のことを知っておくべきである。すなわち，刀剣の術が唯一の術であり，この術は数百年前に考案された。しかも，刀剣の術があらゆる剣術の基礎であり，中核である。師範であるリーヒテナウエルはこの術に完全に精通していた。しかし，前述のように，師範がこの術を自ら発見し，考案したのではない。師範は多くの地を尋ね歩き，自らの正当で真実な術のために，この術に熟達しようとした。この術は真面目な術であり，完全に正当な術である。

　他の写本も，古ドイツの剣術に関するこの著者の素性や生活状況と生涯について，これ以上詳しいことは示していない！本写本の編者は，43ａ丁で次のような師範の名前を挙げている。「僧ハンコ・デープリンガー，ユダヤ人アンドレス，ヨスト・フォン・ニッセン，ニクラス・プロイセン」。編者は48ｂ丁まで剣による戦い（すなわち剣術規則）を扱っている。この小さな章の詩による導入の中で，我々は中世の詩人である**フライダンク**の格言詩を知る。この格言詩は W.グリムが刊行したフライダンクの『格言詩集』にはなく６)，それゆえ我々がここでこの格言詩を伝える。我々の編者は複数の敵に一人で対決する剣士の傲慢を戒め，次のように続けている。

　　人が一人，しばしば来る。
　　４人または６人がいなければならない。
　　君主たちは騎士的に振る舞う。
　　彼らの中には冗談で，
　　行う者が，常にいるかもしれない。
　　一人の真ん前に人が来ると，
　　全員がはっきりと聞く。
　　いかなる危険もなく，
　　フライダンクは賢明な人であることを。
　　全員に話す，

彼が賢明な人であることを，

全員が彼に忠誠を誓った。

私は全員に対して讃える，

誤りなく騎士的であることを，

忠実かつ賢明であり，

正しいデッゲンであることを。

　我々の著作が最初に取り上げる格闘教示を含む剣術写本は，リーヒテナ
ウエルの剣術写本よりも新しく，より包括的であり，図を備えている [7]。
この写本（WI）は，ユダヤ人のオットの格闘が印刷されている本書におけ
る写本と同様に [8]，ヴァーレルシュタイン侯図書館が所蔵している。両方
の写本とも，15 世紀のものである [9]。しかしながら，前者の写本の方が後
者よりも古いように思われる。後者の写本に見られる「ジェレミアス・プ
リッタ」と「ハンス・ダイクスラー」（124 b 丁）という名前は，もちろん剣
術師範の名前である。
　さらに，年代の古い順に次のような写本が続く。「Nr. 558」という整理
番号のゴータにある図書館の紙写本 [10]。この写本の表紙には，ハンス・ター
ルホファーという剣術師範の名前と，1443 年という年数がある。我々はこ
の写本を「G」と表す。詳細な説明の代わりに技の名称だけが記載されてい
る格闘士の図（234-266 丁）では，「フランスの格闘」（259 丁）として相手
を押す戦いが描かれているように思われる。両者が右手を互いに胸の上の
方を突っ張っている（左腕は背中の後ろにある）。両者の足の構えは右向きで
あり，右膝の内側が触れているように思われる。同様に 15 世紀の剣術写本
に属しているのは，ドレスデンの宮廷図書館の「C Nr. 141」という整理番
号のある剣術写本である [11]。本書の第 4 章を参照（本書では「D」で示す）。
同様に，ミュンヘンの図書館の「Nr. 558」という整理番号の写本 [12]。我々
はこの写本から「いかなる武器もない剣術」という短い剣術の章を，（本書
の第 5 章で）取り上げた。これは古典的な剣術と格闘との密接な結びつきを
示し，剣術の戦いから格闘の戦いへの，ある程度自然な移行を証明するた
めである。ザルツブルクの王立図書館の「Nr. 278」という整理番号の剣術
写本（我々の「S」）には，「ハンス・フォン・シュピール　1491」という署

名がある 13)。この名前が筆者の名前なのか，あるいは，この写本に記載されている「ヨハネス」がこの文献の所有者なのか，不明である。

第 2 節　A.デューラーの剣術書

　格闘も取り扱っている 16 世紀の手書きの剣術書の中で最も古いのは，『武器訓練。武器なしに対応することに関する省察。アルプレヒト・デューラー。1512 年』である 14)。私は本書の第一章のために，ブレスラウのマグダレナ教会図書館が所蔵するブレスラウ版を利用した。これについては，F. L.ヤーンの『ドイツ体育』（1816）を参照されたい 15)。ウイーンの王立フィダイコミス図書館におけるデューラーの剣術書は，ブレスラウ版よりも内容が豊かである 16)。このウイーン版は，後にイタリア人たちを通じて有名になった「防御」による剣術の描写を含んでいる。これについては，J.マイヤーが 1570 年の剣術書の中で，次のように述べている 17)。「右手で長い武器を持ち，左手で短い剣であるドルヒを操る」。A.デューラーを詳しく知っている友人である J.カメラリウスは，芸術家の巨匠であるアルブレヒト・デューラーが剣術写本の図解のために彼の才能を無駄遣いしなかっただろうとか，デューラーという名前がこれら二つの写本で悪用されただろう，というような疑念を否定している 18)。カメラリウスは，P.メランクトンが 1526 年にニュルンベルクに創設したギムナジウムの初代校長であり，人間の肉体とその四肢のシンメトリーに関するデューラーの著作をラテン語に翻訳した人物である 19)。

　デューラーの 1512 年の剣術書は，彼の時代のギュムナスティークについて彼が残したスケッチに属している。ロンドンの大英博物館はもう一つの剣術書を所有している 20)。ニュルンベルクのゲルマン博物館が刊行している『ドイツ古代学報』（1859）は，未だに利用されていない宝と思われるこの剣術書から，デューラーの手による 2 組の剣士を取り出している。これらの剣士のスケッチには，同様に 1512 年という年数が見い出される 21)。

　デューラーの写本における若干の格闘運動は，1530 年以後に印刷された二番目に古いエゲノルフが印刷したドイツ語による剣術書において取り上げられている 22)。この剣術書では，デューラーの単純な概略図に芸術的な

完成が加えられている。したがって，この剣術書はデューラーの『武器訓
練』（Οπλοδιδασκαλια）のブレスラウ版に完全に依拠している [23]。

　本書のために利用した 16 世紀のその他の剣術写本として次のような写
本を挙げることができる。「アウグスブルクのグレゴリー・エアハルト」に
よるヴァーレルシュタイン侯図書館が所蔵する 1533 年の写本（「WE」で
表す）[24]。「Nr. 3712」という整理番号のあるミュンヘンの写本（「M」）[25]。
そして，私によって復刻されたアウエルスヴァルトの本[26]の中で挙げられて
いるアウグスブルクの参事会役人であるパウルス・ヘクトール・マイルの
剣術書 [27]。このマイルの剣術書は 1542 年以降に完成し，現在はドレスデ
ンの宮廷図書館が所有している（「DM」という記号はこの写本を意味している）。
その他の格闘教示として私は，私が印刷した 1516 年のパウルンファイン
トの本の付録で 1539 年 12 月 15 日に始まった写本（「WS」）と [28]，画家
であるバーゼルの H.ブルクハルト＝シェナウエルが所有し，私に喜んで提
供してくれた剣術書（「B」）[29]を取り上げる。復刻された上述のアウエル
スヴァルトの本に対する私の序文における言及に加えて，この剣術書（B）
がアウエルスヴァルトと並んで「穴の中での格闘」[30]を取り扱っている唯
一の史料である，と言うことができる。

　ゴータにあるハンス・タールホファーの図入り写本（1467 年という年数の
ある羊皮紙の写本，写本 G）と [31]，ミュンヘンの王立＝州立図書館にある 16
世紀の P.カルによる羊皮紙の写本も [32]，中世の格闘術に関する叙述を含ん
でいる。恐らくもっと後で，これらの師範の興味ある図入りの格闘の教え
を一般的に知らせることができるだろう [33]。

第 3 節　デューラーとオットの写本に関する補足

　本書の格闘に関する包括的な章である第 1 章「デューラーの格闘に関す
るヴァーレルシュタイン写本（WI）」と，第 2 章「オットの格闘に関する
15 世紀後半の写本（W）」について，次のような補足をしておく。

　デューラーの剣術書（D）は，ヴァーレルシュタイン写本（WI）に忠実
に従っている。もっとも，新しい写本に見られる当然のように変化した格
闘の技を伴っているような，しばしば失われてしまった形態については，

本書はその都度説明を加えている。本書の第 1 章におけるデューラーの運動の一部に関しては，残念ながら，以前のオリジナルは存在していない。オリジナルがあれば，これらの技に関して，正しい構えとテキストの必要な改良を行うことができただろう。読者にとっては，デューラーの写本のこの部分の一層悪い状態として若干の図（例えば本書の図 119, 124 など）と，この図に添付されたテキストの図解とが一致しない，ということが明らかになるだろう。

　図に対するヴァーレルシュタイン写本の説明から，私がヴァーレルシュタイン写本のテキストにデューラーのスケッチを加えたことが分かるだろう。この説明は，ヴァーレルシュタイン写本から取り上げざるをえなかった。というのは，これらの技はブレスラウ写本には欠けているからである。注意しておかなければならないのは，私が慎重に作成した敷き写しによって，デューラーの図が半分の大きさで出来るだけ忠実に再現されていることである。ただし，オリジナルに足や脚の部分の作図の余地がなかった時には，個々の場合に小さな補整が行われる。デューラーの格闘者の図における彩色の模写は，タイトルの図に関してだけ試みられている [34)]。

　私の友人であるライプチッヒの J. C. リオンには [35)]，本書を立派なものにするために，私の敷き写しによる模写を監督するという苦労を引き受けてくれたことに対して，最高の感謝の念を述べなければならない。

　ユダヤ人オットの格闘（本書の第 2 章）に関しては，上述の写本よりも新しい写本（WE, M）が，オットの 17 の運動を通常行われる簡略された形で示している。一つ一つがオットの格闘を模範にしている全体で 16 の運動の次に，この写本は「格闘の多くの良い技」という表題の下に，本書で印刷されているヴァーレルシュタイン＝デューラー写本の格闘の第一の運動を含んでいる。ユダヤ人のオットが利用したヴァーレルシュタイン＝デューラー写本の包括的な序言は，デューラー写本（D）と同様に，この写本でも欠けている。この写本の不完全なスケッチは，本書で印刷されている運動にまで及んでいる。写本 M の最初の方の章には，オットの格闘について古い史料に密接に従った詳細な叙述が含まれている。このオットの格闘の叙述は，本書で印刷されている「ユダヤ人オット」の第 47 の運動で終わっている。写本 DM は，写本 WE と写本 M より詳細に，本書で印刷されてい

るヴァーレルシュタイン写本におけるユダヤ人オットの格闘の順番と叙述に従っている。しかし，この写本 DM はオットの名前を挙げておらず，オットの写本におけるこの章の表題である「格闘の構えに属すること」の代わりに，法的決闘である「決闘のほかに，上述の格闘に属する報告が続く」という表題が付けられている。本書で印刷されている第 30 の運動によって，写本 DM も写本 WE と写本 M の修正に従っていることが判明する。写本 DM は「走り抜け」という簡単な表題の下に，ヴァーレルシュタイン＝デューラー写本の格闘の最初の運動を挙げている。写本 DM のこの章が写本 WE と写本 E から異なるのは，本書で印刷されている第 88 の運動が最後の運動ではない，という点だけである。写本 DM では，さらに 7 つの格闘技が続いている。この 7 つの格闘技は，既にデューラーの『武器訓練』の付録からエゲノルフの剣術書にすべて取り入れられている[36]。その場合，写本 DM は印刷された剣術書よりもしばしば写本 D に厳密に従っている，ということに注意しなければならない。写本 DM の「投げ捨て」は，それに属する「骨折」と共に，デューラーの『武器訓練』とエゲノルフの写本にある。「組み合いからの投げ」と「他の投げ方」は，エゲノルフの場合と同様に，写本 D においては（レックヒナーの）メッサー剣術の「走り通し」の章に属している。写本 DM は序論において，エゲノルフの格闘技（写本 D では現れない）を少し変えている。これに対して，写本 DM の残りの二つの格闘運動である「危険」と，これに属する「骨折」とは再び写本 D から取り込まれている。

第 4 節　本書における表現と術語

　写本のテキストの復刻は，写本の書き方に忠実に従っている。したがって，ウムラウトの表記に関して写本の書き方を変えることによって，より良くしようという試みは決してしなかった。このため，読者は昔の執筆者の格闘教示を昔の本来の表現形式で読むことを受け入れなければならない。脚注において，昔の書き方の多くの特徴と，古くなってしまった術語と表現の大部分とを説明するように試みているので，本書を理解することは決して困難ではないだろう[37]。

私は，本書のイラストのない章では，一部はヴァーレルシュタイン＝デューラー写本の図に，一部は他の格闘の章の中で対応する運動に言及し，そうして様々な格闘の教示を互いに関連させるように試みることによって，事実理解が容易になることに少しでも役立つと信じている。

　本書は，剣術と格闘に関する絵画写本の描写を残念ながら欠いており，徒歩で，しかも甲冑のない格闘にだけ限定されている。しかし，本書から我々の祖先の格闘術の全体像を手に入れようとする人にとっては，様々な章から個々の運動を取り出し，適切な表題の下に並べ替えることが，役に立つだろう。立位での格闘では，先ず助走のない格闘と助走のある格闘を，次に腕での格闘と体での格闘とを区別しなければならないだろう。体育用語には影響されていない民衆用語では現在でも「同じ組み手」と言われている相互に合意した組み方が，農民の組み方として現れるが，これは稀である。F. L.ヤーンの体育書でも「同じ組み方」という語が現れるが，この組み方は別の箇所では「半組み」と呼ばれている [38]。デューラーのブレスラウ写本は，ヤーンの格闘の叙述に影響を与えただろう。ところで，本書の 115 頁では，いわゆる「腕の格闘」のための最初の姿勢と，同様に合意した組み手が模写されている。腕のいわゆる「解放」は，「体での格闘」になりうる。我々の体育的な格闘でもあるような組み手の本来の獲得は，古老には知られていなかったように思われる。臥位での格闘，つまり相手を固めたり，立たせようとする努力に関しては，本書の 169 頁の脚注で述べているように，剣術写本が重要な補完を示している。

　本書の様々な格闘教示をこのように組み合わせようとする者にとっては，昔の格闘技の分類として，社交的な格闘と戦いの格闘との相違が明らかになるだろう。つまり，練習と力比べのための格闘と，生命を賭けた格闘との相違である。この生命を賭けた格闘は，第一に法的な決闘において行われ，そこでは「隠された」組み手と「殺人技」そして腕や首を折る技が使用された。

　古いヴァーレルシュタイン写本は「課税」つまり財宝を奪うこと，すなわち農民の強奪をも格闘術の中に組み込んでいる。一人の農民だけを相手とする教示は，掴まえる者によって一定の姿勢あるいは状況に追いやるように，二人あるいは三人を制することにも当てはまる。このことは，古い

格闘教示の取っ組み合いの章で取り上げられている。本書では，捕まえら
れた二人が検査官に背を向けている。また，挙げられた腕の位置が正しく
スケッチされている。これについては，本書の 95 頁の横になっている者の
腕の位置と，私の論文『マルクス兄弟と羽剣士の 7 つの剣術学校』におけ
るタイトル絵を参照されたい [39]。レックヒナーはメッサー剣術写本の絵に
おける相手の「閉じ込め」と「締め付け」とを，ハイデルベルク写本の中
では「秘密の組み手」と呼び，ミュンヘン写本の中では「無名」と呼んで
いる（もう一つの技は，無名と表現されている）[40]。

　教師と体育教師としての 25 年間の公的な活動の望ましい最後は，私に
とっては決して中途半端にはならないだろう。少なくとも，我々の祖先の
非常に価値のある体育文献の一部を本書で公に知らせることが出来るので
あるから。

注

1)（訳者注）Simrock, K. J. (Übersetzt), Die Edda, die ältere und jüngere nebst den my-
thischen Erzählungen der Skalda. Stuttgart/Tübingen 1851, S. 277.

2)（訳者注）Die Ringer=Kunst des Fabian von Auerswald, erneuert von G. A. Schmidt
Turnlehrer zu Leipzig, mit einer Einleitung von Dr. K. Wassmannsdorff in Heidel-
berg. Leipzig 1869.

3)（訳者注）Liechtenauer, J., Fechtbuch. In: Germanische Nationalbibliothek, Nürn-
berg, Hs. 3227a.「剣術の覚え書き」については，確認できなかった。リーヒテナウ
エルの写本における格闘についての言及は，62r 丁と 86r-89r 丁だけである。ゲルマ
ン博物館所蔵のこの写本については，拙著を参照されたい。ドイツ中世後期の剣術
と剣士団体，溪水社，2020 年，107-130 頁。

4)（訳者注）ヴァスマンスドルフの別の論文では，この写本の成立年が「1389 年」とされ
ている。Wassmannsdorff, K., Aufschlüsse über Fechthandschriften und gedruckte
Fechtbücher des 16. und 17. Jahrhunderts. Berlin 1888, S. 17. 今日では，ゲルマン
国立博物館が所蔵する J.リーヒテナウエルの剣術を含む写本の作成年は「1389 年」と
されている。拙著，前掲書，107 頁。

5)（訳者注）拙著，前掲書，91 頁。

6)（訳者注）Freidank, Spruchdichtug. Worms 1539; Vridankes Bescheidenheit. Hg.
von Willhelm Grimm. Göttingen 1834. 引用頁を確認することはできなかった。

7)（訳者注）ヴァスマンスドルフの原著の第 1 章（I. Die Ringanweisung der Handschrift zu Wallersteiner (W.1) aus dem 15. Jahrhundert, mit 119 Ringerfiguren von Albrecht Dürer. S. 3-136) のことである。

8) （訳者注）ヴァスマンスドルフの原著の第2章（II. Die Ringkunst des Meisters Ott, eines getaufters Juden, aus der Handschrift W. 2 des 15. Jahrhundert. S. 137-156) のことである。

9) （訳者注）Dürer, A., οπλοδιδασκαλια siue armorum tractandorum Alberti Dureri Anno 1512. In: Albertia, Graphische Sammlung, Wien, Hs. 26-232. Hils, H.-P, Meister Johann Liechtenauers Kunst des langen Schwerts. Frankfurt a. M./New York 1985, S. 116-117; Ringbuch des getauften Jüdischen Meisters Ott. In: Universitätsbibliothek Augsburg, Cod. I 6 4º 3. H.-P, Hils, Ibid., S. 32.

10) （訳者注）Talhoffer, H., Fechtbuch. In: Universitäts- und Forschungsbibliothek Erfurt/Gotha, Chart. A 558. 拙著，前掲書，47 頁。

11) （訳者注）この写本は，Anonym, Fechtbuch. In: Sächsische Landesbibliothek − Staats- und Universitätsbibliothek Dresden, Mscr. C. 487. のことであろうか。拙著，前掲書，61 頁参照。ヴァスマンスドルフが言う「Dresdner Hofbibliothek C Nr. 148」は，原文における 148 頁と 168 頁の記載からすると，「C Nr. 241」のことであろう。残念ながら，ヴァスマンスドルフが本論において指摘する「Nr. 241」の剣術写本は，ドレスデンの州立大学図書館における蔵書検索（2020.8.2.）では，確認することができなかった。

12) （訳者注）Talhofer, H., Fechtbuch von 1443. (Kopie der Gothaer Handschrift Chart. A 558). In: Bayerische Staatsbibliothek, München, Cod. icon. 395. 拙著，前掲書，47 頁。

13) （訳者注）Fechtbuch vom Magister Hans von Speyer, 1491. In: Universitätsbibliothek Salzburg, M I 29. Fechtbuch. 拙著，前掲書，59 頁。

14) （本文）Dürer, A., οπλοδιδασκαλια siue armorum tractandorum Alberti Dureri Anno 1512. In: Magdalenäische Kirchenbibliothek zu Breslau. （訳者注）本書は，現在はブレスラウ大学図書館（Universitätsbibliothek Breslau, Cod. 1246）の所蔵であり，ウイーンのアルベルティーナ美術館が所蔵するデューラーの 1512 年の剣術書を写したものである。注 9）を参照されたい。拙著，前掲書，64 頁。

15) （本文）Jahn, F. L. und E. Eiselen, Die Deutsche Turnkunst. Berlin 1816, S. 251. （訳者注）Hg. von der Deutschen Hochschule für Körperkultur Leipzig, Institut für Geschichte und Organisation der Körperkultur. Berlin 1960, S. 194.

16) （原注）ナウマンによる「Serapeum」（1844, S. 45）における説明の誤りを正すと，両方の写本は「タイトル，テキスト，図の順番などが完全に一致する」。（訳者注）Dürer, A., Fechtbuch. In: K. K. Fideicommiß= Bibliothek, Wien. この写本は，現在ではウイーンのアルベルティーナ美術館におけるグラフィック・コレクションに収

められている。注 9) を参照されたい。拙著，前掲書，64 頁。ウイーン版の写本については，次の文献を参照されたい。Massmann, H. F., Über handschriftliche Fechtbücher. In: Serapeum. Zeitschrift für Bibliothekwissenschaft, Handschriftenkunde und ältere Literatur, 1844, S.44-45, 49-60; Dörnhöffer, F., Albrecht Dürers Fechtbuch. In: Jahrbuch der Kunsthistorisches Sammlungen des Allerhöchsten Kaiserhauses, 1907/09, S. I-XX, XXIV-XXXI.

17)（訳者注）Meyer, J., Gründliche Beschreibung der freyen Ritterlichen vnd Adlichen kunst des Fechtens in allerley gebreuchlichen Wehren mit schönen vnd nützlichen Figuren gezieret vnnd fürgestellet Durch Joachim Meyer Freyfechter zu Straßburg, ANNO MDLXX. In: Staatsbibliothek Preußischer Kulturbesitz, Berlin, Os 78 65. 拙著，前掲書，77 頁。ヴァスマンスドルフによる引用文を確認することはできなかった。

18)（訳者注）J.カメラリウスの著作を確認することはできなかった。

19)（原注）彼の時代の「デューラー未亡人の家」において 1532 年に印刷された本は，次のようなタイトルである。『Alberti Dureri clariss. Pictoris et Geometrae de Sym(m)etria partium in rectis formis bumanorum corporum Libri in latinum conversi.』。

20)（訳者注）大英博物館におけるデューラーの剣術書を確認することはできなかった。ただ，次のスケッチを確認することができた。Dürer, A., Fechtbuch. In British Museum, London, No: 1922, 0311.1.

21)（原注）二組の剣士は「メッサー剣士」(Messer=(Tesak=) fechter) である。「学報」における模写の表題は，「Pastey」と「Luginsland」という昔の術語に疎い人物に由来している。『ドイツ古代学報』(Anzeiger für Kunde der Deutschen Vorzeit) の 48 頁の疑問，すなわち二組の剣士がデューラーのブレスラウ版にも出てくるかどうかという疑問に対して，私は否定する状況にはない。参照：Eye, Leben und Wirken Albrecht Dürer's. Nördlingen (Beck) 1860, S. 86, 465; Campe's, Reliquien von Albrecht Dürer. Nürnberg 1828, S. 190.（訳者注）原注において言及されている文献を確認することはできなかった。本文で言及されている『ドイツ古代学報』の論文は，次の匿名論文であろう。Anonym, Handschriften von A. Dürer im britischen Museum. In: Anzeiger für Kunde der Deutschen Vorzeit, 1859, S. 10-13.

22)（訳者注）ここで言及されるエゲノルフの剣術書は，H.レックヒナーの剣術書と思われる。Lecküchner, H., Der Altenn Fechter anfengliche Kunst. Mit sampt verborgenen heymlicheytten Kämpffens Ringens Werfens etc. In: Bayerische Staatsbibliothek, München, Res/4 Gmn. 26#Beibd. 3. エゲノルフはフランクフルト a. M.の印刷業者である。拙著，前掲書，76 頁。

23)（訳者注）注 14)を参照されたい。

24）（訳者注）Erhart, G., Fechtbuch. In: Glasgow Museum, R.L. Scott Collection, Glasgow, E. 1939. 65. 354.拙著，前掲書，66 頁。R.レンクによれば，本書は 1653 年にハールブルクのエティンゲン－ヴァーレルシュタイ図書館の所蔵となったが，1939 年からはグラスゴー博物館の所蔵である。Leng, R., Fecht- und Ringbücher. In: Katalog der deutschsprachigen illustrierten Handschriften des Mittelalters. Bd. 4/2, Lieferung 1/2, 38, München 2008, S. 120.

25）（訳者注）Wilhalm, J., Fechtbuch. In: Bayerische Staatsbibliothek, München, Cgm. 3712. 本書の 95v 丁には，「アウグスブルクの帽子製造人イエルク・ヴィルハルムの長剣の術 1556」というテキストがある。拙著，前掲書，72 頁。

26）（訳者注）Wassmannsdorff, K., Die Ringer Kunst des Fabian von Auerswald. Leipzig 1869, S. 2.

27）（訳者注）Mair, P. H., Fecht-, Ring- und Turnierbuch. In: Sächsische Landesbibliothek - Staats- und Universitätsbibliothek Dresden, Mscr. Dresd. C. 93/94. 拙著，前掲書，68 頁。

28）（訳者注）Wassmannsdorff, K., Aufschlüsse über Fechthandschriften und gedruckte Fechtbücher des 16. und 17. Jahrhunderts, in einer Besprechung von G. Hergsell „Talhoffers Fechtbuch aus dem Jahre 1467". Berlin 1888; Paurnfeindt, A., Ergrundung Ritterlicher Kunst der Fechterey. Wien 1516. R.レンクによれば，「カール・ヴァスマンスドルフが私蔵していたが，その後ベルリン中等体操学校の図書館が所蔵し，現在は所蔵不明である」。Leng, R., Ibid., S. 140.拙著，前掲書，75-76 頁。

29）（訳者注）ヴァスマンスドルフの原著の第 7 章（VII. Ringen des Meisters Andres Lintzinger. Aus einer Fechthandschrift des 16. Jahrhunderts im Besitze des H. Burckhardt= Schönauer zu Basel. S. 195-202）のことである。「Andres Lintzinger」という人物については確認することができなかった。「Lintzinger」が「Liegnitzer」であるならば，「Andreas Liegnitzer」の「格闘」は，P. von Danzig の剣術書「Biblioteca dell'Academia Nazionale dei Lincei e Corsiniana, Roma, 44. A. 8, Cod. 1449」の「81r-84v」に所収されている。拙著，前掲書，51 頁。なお，「H. Burckhardt= Schönauer zu Basel」という人物については，確認することができなかった。

30）（訳者注）Auerswald, F. von, Ringer kunst. Fünff und achtzig Stücken zu ehren Kurfürstlichen Gnaden zu Sachssen etc. Durch Fabian von Auerswald zugericht. M.D XXXIX. In Österreichische Nationalbibliothek, Wien, MF 1755 NEU MIK. 本書の 84-91 丁において「穴の中での決闘」（Ringen in der gruben）が述べられている。拙著，前掲書，77 頁。この決闘については，ミンコフスキーの一連の研究の中でも次の文献を挙げておきたい。Minkowski, H., Das Ringen im Grüblein. Eine spätmittelalterliche Form des deutschen Leibringens. Vier frühe Drucke und Auszüge aus einer unedierten Fechthandschrift des 16. Jahrhunderts. Stuttgart 1963.

31)（訳者注）注の 10)を参照されたい。

32)（訳者注）Kal, P., Fechtbuch. In: Bayerische Staatsbibliothek, München, Cgm 1507. 拙著，前掲書，54-55 頁。

33)（訳者注）剣術写本に関する理解の助けとするため，剣術写本の略記について整理しておきたい。

> WI：ヴァーレルシュタイン侯図書館（現在はアウグスブルク大学図書館，Cod. I. 6. 4º. 2.）が所蔵していた A.デューラーの写本。拙著，前掲書，57 頁。
>
> G：ゴータ王立図書館（現在はエアフルト／ゴータ大学・研究所図書館，Chart A. 558）が所蔵していた H.タールホファーの写本。注 10)。拙著，前掲書，47-48。
>
> D：ドレスデン宮廷図書館（現在はザクセン州立大学図書館）が所蔵するデューラーの剣術写本（C Nr. 141）。該当の写本を確認することはできなかった。注 11)を参照されたい。
>
> S：ザルツブルク王立研究所図書館（Nr. 278）（現在はザルツブルク大学図書館，M I 29）が所蔵する H.フォン・シャピールの写本。注 13)。拙著，前掲書，59 頁。
>
> WE：ヴァーレルシュタイン侯図書館（現在はグラスゴー博物館）が所蔵していた 1533 年のアウグスブルクの G.エアハルト」の剣術写本。注 24)。拙著，前掲書，66 頁。
>
> M：ミュンヘン王立図書館（現在はバイエルン州立図書館，Cgm 3712）が所蔵していた J.ヴィルハルムの剣術書。注 12) と 25)。拙著，前掲書，65 頁。
>
> DM：ドレスデン宮廷図書館（現在はザクセン州立大学図書館，Mscr. Dred. C. 93/94）が所蔵する P. H.マイルの剣術書。注 27)。拙著，前掲書，68 頁。
>
> WS：A.パウルンファイントの剣術書。注 28)。拙著，前掲書，75 頁。
>
> B：バーゼルの画家 H.ブルクハルトが所蔵している剣術書。当該の文書を確認することはできなかった。注 29)。

34)（訳者注）彩色された模写を確認することはできなかった。

35)（訳者注）J. C.リオンは 1862 年から 1898 年まで，ライプチッヒ市の「体育管理官」であった。Beckmanns Sport Lexikon A-Z. Leipzig/Wien 1933, S. 1548. 彼には「穴の中の格闘」に関する論文がある。Lion, J. C., Das Ringen im Grüblein. In: Deutsche Turn-Zeitung, 1861, S.135-137.

36)（訳者注）エゲノルフの剣術書については，注 23) を参照されたい。

37)（訳者注）以下に続く本文の IX-XIII 頁では，書法・慣用語句・省略法・略字符などに関する言語学的な記述が続くので，訳出を省略した。

38)（訳者注）Jahn, F. L. und E. Eiselen, Ibid., S. 106.

39)（訳者注）Wassmannsdorff, K., Sechs Fechtschule (d. i. Schau- und Preisfechten) der Marxbrüder und Federfechter aus den Jahren 1573 bis 1614. Heidelberg 1870. 本訳書の第 3 章を参照されたい。

40)（訳者注）Lecküchner, H., Kunst des Messerfechtens. In: Universitätsbibliothek Heidelberg, Cod. Pal. Germ 430; Ders., Ibid., In: Bayerische Staatsbibliothek, München Cgm 582. 残念ながら，レックヒナーの写本における当該の引用頁を確認することは，できなかった。拙著，前掲書，97-98 頁。

第6章
N.ヴィンマンの水泳教本

図6　水泳補助具

　身体運動の分野での最初の印刷作品は，ドイツでは 1500 年頃に現れる。
それはドイツ語のテキストを伴う格闘術に関する印刷物であり，私はこれ
を 1871 年に復刻した[1]。今日，私は体育の愛好家に世界で最初の水泳教本
の復刻を提供する。この本は，インゴルシュタットの体育を愛する大学教
師によってラテン語で作成され，H.シュタイナーによって 1538 年にアウ
グスブルクで印刷されている。

　300 年以上も前にヴィンマンによって書かれたこの水泳教本については，
私は「ドイツ体育新聞」(1885) において包括的な報告を行い，この特別な著
作における二カ所をラテン語からドイツ語に翻訳した[2]。私は脚注をつけた
この稀覯本の新版を特にドイツの体育仲間に献呈するのであるが，この本は
明らかに第一にラテン語に熟達している人たちにとってだけ有益である。

　私は本書の読者に次のことを述べておきたい。『ドイツ中世の格闘術』に
おいて，私は格闘の方法に関する最も早い記録を，未だ印刷されていない
写本から取り出した[3]。この 1870 年の本の中で，剣術写本の正書法につい
ての見解が示されたように，水泳術に関するヴィンマンの対話の復刻の場

合も，同様に取り扱った。17 世紀になると稀になっているラテン語の本における印刷略号は，ヴィンマンの本にも見られる。私はこの印刷略号を，印刷術が可能である限り，保持した。

　オリジナルの正書法に関しては，何も変更しなかった。同じ事は，常に同じではないアクセントにも当てはまる。しばしば不適切な句読法も，そのままにした。オリジナルのフォーマットは，保持された。オリジナルに欠けている頁付けは，（ ）で付け加えた。

第 1 節　水泳書のライデン版

　ヴィンマンの 1538 年の対話篇は，1623 年にライデンで新たに印刷された（「Lugd」という略語はこの印刷業者を示している）4)。J. H.ツエドラーの大学事典は，もっと後の 1638 年のライデン版に言及している 5)。これら二つの印刷本は，オックスフォードのボードリアン・ライブラリーが所蔵している 6)。私はこれらの本のハイデルベルク大学への送付を請求したが，本の送付は当該図書館の規則によって禁止されていた。オランダの図書館もこれらの本を所有しておらず，私が問い合わせたライデン大学図書館も所蔵していなかった 7)。ドイツの様々な大規模図書館も，事情は同じであった 8)。しかし，ついにヴォルフェンビュッテルのブラウンシュヴァイク・リューネブルク公図書館において，1623 年のライデン版を見つけた 9)。本図書館の館長であるフォン・ハイネマン博士は，私の利用のためにハイデルベルク大学に送付してくれる，という大いなる好意を示してくれた。

　ヴィンマンの 1623 年の『コリンベーテス』のライデン版は，単独の小冊子ではなく，叢書 10)の第 3 篇である。『娯楽論』と題する本書には 11)，11 の散文と 7 つの詩がある。本篇では，次のようなタイトルのヴィンマンの著作が続く。「コリンベーテスあるいは水泳術。対話と楽しく快適な朗読。ニコラウム・ヴィンマン」12)。タイトルは，これ以上のことを含んではいない。また，1538 年という印刷年のような昔の本の木版刷もない。同様に，アウグスブルクの若きパウムガルトナーに対するヴィンマンの献呈も印刷されていない 13)。最後の頁でも，この本の印刷場所と印刷業者に関する指摘も言及されていない。

　1623 年に印刷された本書は，編集者によって「校訂」されている。この本の印刷業者であるルグデュニ・バタフォルム [14]によるタイトルの注によれば，ヴィンマンの労作の印刷と 1538 年のオリジナルとを厳密に比較すると，全体として正しいことが分かる。特に，印刷上の誤りが改善されていることを発見した。この改善は，私の新版においても既に行っている。1623 年の印刷とヴィンマンのオリジナルとの関係に関して私が提示した注に，ここでは次のことを付け加えておこう。句読点は変更され，改善された。ヴィンマンのテキストにおける語順の変更も行われた。また，若干の印刷上の誤りも修正された。しかし，ヴィンマンの著作の 1638 年の印刷では，1623 年の印刷からの変更がないのかどうか，という疑問が残る。

第2節　N.ヴィンマンの生涯

　ヴィンマンの経歴については，残念ながら，ほとんど提示できない。ヴィンマンがオランダ人であるということは，M.テヴノが彼の著作『水泳術』（1696）の中で言及している [15]。B.デ・ラ・シャペルは『水泳服に関する実践と理論』（1775）において [16]，「水泳術，ニコラス・ヴィンマン・オランダ人」と繰り返している。シャペルは，この本が「1538 年」出版されたが，「印刷者も印刷所もない」と付け加えている。しかし，このことは 1538 年にアウグスブルクで印刷された本には当てはまらない。1623 年と 1638 年の本の出版地がライデンという推測になるのかどうか。オランダで印刷された水泳書の著者がオランダ人なのか？

　インゴルシュタット大学の教授が『コリンベーテス』における指導者としてのパンピルスの役割を引き受けたと仮定すると [17]，本文の内容からヴィンマンはスイス人あるいはドイツ人かもしれない。パンピルスは故郷としてスイスを挙げている。彼が幼児の時に母親と一緒にスイス南東部のロイク温泉に入ったが，彼はここで最初の水泳技能を獲得した。彼はブレスラウの聖エリザベート・ラテン語学校に入学する前に，チューリッヒで勉強していた。本文からは，彼がウイーンでも勉強していることが分かる。パンピルス＝ヴィンマンは，インゴルシュタットのドナウ川で仲間を救助したことについて述べている。また，スイスのアーレ川とレマン湖について，

ライン川右岸のラインフェルデンとドナウの「シュトゥルーデル」について，そしてシャッフハウゼンについて述べている。さらに，レーゲンスブルク，ドーナウヴェルト，ウルムについて述べ，ネッカー河畔のテュービンゲンでの滞在についても述べている。彼がしばしば泳いだ「我がライン川」という表現は，パンピルス＝ヴィンマンが疑問の余地なくドイツ人である，と思わせる。さらに付け加えると，ヴィンマンは彼が本の最後でパンピルスとしては決して登場しない「水泳術の紹介」において，自らをドイツ人に数え入れている。

　この本のパンピルスがヴィンマン自身だという仮定が許されるとすると，舅に関する苦情から，ヴィンマンが対話の起草の際には夫であったことが分かるだろう。

　F. X.フレニンガーの『インゴルシュタット・ランズフート・ミュンヘン大学学生名簿』（1872）は [18]，大学教師の中にヴィンマンを挙げてはいない。C.プラントルの『インゴルシュタット・ランズフート・ミュンヘン大学史』（1872）は，既に 1523 年に大学での教授の対象になっていたヘブライ語の教授と並んで，「ギリシャ文学」も教えていた「ニコラウス・ヴァインマンあるいはヴィンマンが，1536 年に 40 フロリンの報酬を得ていた」ということを，確かなこととして報告している [19]。ヴィンマンの地位には「1538 年にプレモントレ会士であるヴィルヘルム・ウーリン，またはフェーリンがヘブライ語の教師として就任した。しかし，彼は 1543 年には再び離職したように思われる」。J. N.メデラーはインゴルシュタット大学の「年報」において [20]，ヴィンマンを誤って 1538 年としている。メデラーとプラントルの本は，ヴィンマンのコリンベーテスについては何も言及していない。

第 3 節　N.ヴィンマンの体育経験

　地上の息子として常に新しい力を得るアンタエウスとヘルクレスとの格闘試合について，水泳書の一年前に出版されたヴィンマンの著作は [21]，彼自身が十分に身体運動を経験していたことを示す証拠であるように，私には思える。危急の場合のための剣術練習の有用性に関する注が示しているように，彼も学生の時には有能な剣士であったようである。彼は跳躍においても練習

を欠かすことはなかった。しかも，彼は G.ローレンハーゲンが 1595 年に初めて公刊した『カエル・ネズミ合戦』[22]において挙げられているような昔のあらゆる種類の学生による体育をも行った。つまり，水浴と沐浴，巧みな水泳，魚取り，舟行，剣術，打球，着衣－跳躍（この跳躍については「ドイツ体育新聞」（1866 年）における私の説明を参照）[23]，輪舞－歌唱，楽奏。

　ヴィンマンがアンタエウスとヘルクレスの格闘を述べた著作は，四つ折り版で 25 丁ある。この本は次のようなタイトルを有している。『ヘルクレスとアンタエウスの闘いの寓話とキリスト教徒の兵士の有用性に関する解説』[24]。タイトル表紙の木版画における説明は，この本の内容を既に示している。アンタエウスの姿の下には，「悪魔の肉体と地獄の陰を有するアンタエウス」という言葉がある。ヘラクレスの像の下には，「キリスト教徒の兵士ヘルクレス」という語がある。この「キリスト教徒の兵士」という言葉は，ヴィンマンが罪に対する闘いに関する警告を，戦士身分の者に対してだけ書いたかのように理解してはならない。彼の要求は，後に B.リングヴァルトの『本当の真実』に見られるように [25]，各々のキリスト教徒に向けられている。そこでは次のように言われている。「正しいキリスト教徒と世俗の兵士を比較し，各々の人間はその職業を思い出す」。この本の中で，ヴィンマンはキリストを罪に対して戦うキリスト教徒の「競技者」のための「競争者」と呼び，別の箇所ではキリスト教の解釈における走を挙げている。ここでも，ヴィンマンの体育知識と体育愛そして自身の体育に対する言及が見いだされる。

　私は「キリスト教徒の兵士」について，ここでバーゼルの剣術写本の見開き頁のタイトル図から，相応の個所を挙げておこう。この剣術写本については，私の『ドイツ中世の格闘術』において述べている [26]。タイトル図の右側にはゴリアテが，左側には投石機をもったダヴィデが描かれている。ゴリアテの上には，ドイツ語で次のような言葉がある。

　　　ゴリアテは罪の姿をしており，恐ろしく無慈悲な巨人である。すべての人間が彼を怖がった。小さなダヴィデつまりキリストが彼を倒し，自らの剣で彼の首を切り落とした。

首筋にぶら下がった楯が胸の前で動いているが，槍に寄りかかった甲冑を身につけたゴリアテの右にある木の幹には，次のように書かれている。「神はゴリアテに罪の終わりと別離のために死を命じた」。左側には，投石機を持って下から手を振り上げているダヴィデについて，次のように書かれている。

　　　それは最も美しい光景である。他人ではなく自らの行いによって抹
　　　殺された。つまり，自らの剣で突き刺し，ゴリアテに起きたように，
　　　自らのメッサーで首を切り落とした。

読者は「メッサー」という昔の剣術のための武器について，1870年の拙著『1573-1614年のマルクス兄弟と羽剣士の6つの剣術興行』における図に見ることができる[27]。

第4節　教本『コリンベーテス』の内容

本書は，アウグスブルクの青年J. G.パウムガルトナーの影響力の大きい父を後援者とするために，この青年に献呈されている。

友人であるパンピルスとエロテスとの出会い。ヴォルムス地方への旅から戻って，ほこりだらけのエロテスは，沐浴しようとした。友人が水泳術の出来ないことを知っていたパンピルスは，用心することを忠告した。エロテスは水泳が術かどうか，そして水泳が人間に利益をもたらすのかどうか，彼に尋ねた。パンピルスはそのことを説明し，彼の教師になることをエロテスに申し出た。エロテスはこの申し出を受け入れ，次のように考えた。彼らの対話が周知されるならば，パンピルスの教えは他の人にも利益をもたらすだろう，と。

パンピルスは水泳術の考案者に関するエロテスの問いに答えようと努めた。そして，誰がこの術の教師だったのかというエロテスの問いに対して，パンピルスは彼の祖国であるスイスのロイク温泉における最初の水泳の事柄について語った。この後，当地における素晴らしい十字架に関する物語が続いた。

　さて，パンピルスは対象にもっと厳密に立ち入った。まず，彼は友人に対して，最初の水泳訓練のために静かな流れで胸までの深さの水を勧め，水泳のことをよく知っている仲間にすべてのことを示させることにした。エロテスは，この仲間として友人であるパンピルスを選んだ。

　パンピルスは岸辺に立って，水泳の弟子にいわゆる腹泳ぎに際して，先ず腕の正しい動きと回転を示し，腕をいわゆる犬のように動かすことを警告した。それから，彼は胸と頭の姿勢について語った。彼は横への泳ぎを，不適当で疲れるものと説明した。脚の動きはカエルに対応すべきであった。動物からは何も学ぶことはないというエロテスの見解は，最初からしばらく続いた。

　腕と脚の相応の活動に関する指示の後，パンピルスは岸に立っている友人に対して，彼自身は水の中に入って，水泳の動きがどのように行われるべきか示した。自由な日に，パンピルスはエロテスに自ら教え，彼に予めすべてを示し，それから流れの中で彼を片手で支えた。エロテスの泳ぎが妨げられると，彼は葦の束やコルクあるいは空気を満たした浮き袋を使用した。深い水で泳ぐことが出来ないときは，彼は仲間を近くの小舟に引き上げた。水泳の最高の安心手段である葦への言及は，チューリッヒにおける男女の青少年と大人の水泳に関するパンピルスの逸脱となった（1885年の「ドイツ体育新聞」における私の指摘を参照されたい）28）。（チューリッヒ並びにバーゼルとコンスタンツにおける）水への飛込みは，41頁から43頁で言及されている。高い所からのいわゆる頭からの飛込みは，最高であろう。チューリッヒの湖で泳いでいて，水草に絡まった者に対する巧ではない蘇生の試みと，彼が当時はまだ子供であったために助けることの出来なかった美しい乙女が溺れることについて，付加的に語られている。

　いわゆる背泳が述べられている。パンピルスはこの泳ぎ方を彼の友人に示している（いわゆる手だけの背泳も言及されている）。さらに，いかにして，彼がウイーンのドナウ川の中で背泳者として，女洗濯人と船乗りに対して水上で葬式をおこなったことを信じさせようとしたか，ということを付け加えている。

　第三の泳法である立ち泳ぎ自体は，独力では十分でない術である。

　泳者を脅かす危険は，例えば，発作を引き起こすような川の中の冷たい

流れである。川を歩く際には，深い地点の心構えが必要である。休もうと望む者は，彼が地面に達しているかどうか，両足で慎重に感じなければならない。救助のための第一歩は，どこでも，慎重さであろう。これに続いて，パンピルスは，溺死する前に助けることができなかったウイーンの学生仲間について説明している。

　このことから，泳者の救助に向かう。乗り物が意のままにならない場合には，パンピルスが言うには，援助者は5つの救助法で上手くいくはずである。つまり，彼はザイルあるいは板を用意しなければならない。しかしながら，危険に陥っている者に捕まえられてはならない。もちろん，救助者は片手だけで泳げなければならない。パンピルスは，インゴルシュタットのドナウ川で溺れようとしている者を，岸から跳躍して，右手を掴まれながら，最後には救助したことを語っている。

　エロテスは，川の中で，あるいは澱んだ湖沼の中で簡単に泳げるどうか，という疑問を投げかけている。このことは，渦巻きから泳ぎ通す際の方法への言及につながる。そして，ドナウの「渦」とシャッフハウゼンのライン川の瀑布への言及，パリヌルスとオデュセウスの持久泳ぎへの言及，さらにパンピルスが難船の際に救助されるどうか，あるいは水の中で邪魔になる衣服を脱ぐことが出来るかどうかというエロテスの疑問への言及がなされる。最後の脱衣は，立ち泳ぎの際に一番良く行われる，とパンピルスは言う。しかも，その際，彼は貨幣ベルトを着用したままである。パンピルスは，さらに，レーゲンスブルクの橋の所で多くの旅人によって占拠された筏と，ドーナウヴェルトの橋での舟の危険について説明している。これに続く論評は，若干の使徒を自ら救助した神，ファラオの沈没，若干の神話的なことについてである。同様に，少し前に天文学者によって告げられた世界の没落が実際に起きたとすると，その際に友人がどのように振る舞うのだろうか，というエロテスの疑問が述べられる。当時ウイーンにいたパンピルスは，このことに笑いながら取り組み，第二のノアである彼がいかにして彼の生計を獲得しようとするか，示した。

　さらに，エロテスは次のような疑問を投げかけている。水泳の場合に肉体の力を多く利用するかどうか，小人（ピグミー）も泳げるかどうか，競泳の場合には誰が他人に先んずるのか，それは巨人か小人か，さらに彼は神

話を話題にする（アリオンについても語る）。パンピルスは，多くの場合は簡単に答える。そして，彼はブレスラウのエリザベート学校で学友であった者の死体の虐待について説明する。この友人は，学則に逆らってオーデル川で沐浴して，溺れた。

エロテスが友人に対して，（老人と同様に）川を神の座とみなすかどうか，尋ねている。対話の流れは，老人が語るような川の一定の特性に向かう。続く文からは，パンピルスが結婚しており，彼が最も憎む悪い義父がいることを知る。本書のこの章では，「魚の世話」とその没落について，さらに潜水夫の補助手段についても語られている。この話題は，パンピルスが知っているテュービンゲンの靴屋とネッカー川で魚を盗む彼の巧みさについての物語につながる（1885 年の「ドイツ体育新聞」においてこの個所を翻訳している）[29]。パンピルスは，この男の尋常ならざる水泳術が泳者への良い助言と指示となる，と繰り返している。舟の考案についても語られている。水泳自体は，現在のドイツでは昔ほどには練習されていない。このことについては，古典的な作家が賞賛しながら述べている。例えば，昔の人の水泳術の利用について述べられており，パンピルスが知っている捕虜の逃亡についても語られている。彼は川を越えて泳ぐことによって，処罰から逃れた。このことは，チューリッヒの湖が時折完全に氷結するという報告と，氷結した湖を歩いて越えることを知らないということを経験した時の死への恐怖を感じた旅人の話につながる。このことをきっかけに，エロテスはパンピルスが氷の割れた際にも救助されるかどうか，尋ねている。

その名前を誇りにするエロテス（すなわち質問者）は友人に対して，なぜ大きな木は水の上に浮かぶのか，そしてなぜ小さな石は直ぐに沈むのか，という疑問を提示した。同様に，古老が語っていたデロス島の水泳の理由を彼は知っていたかもしれない。また，彼は魂を失った者が三途の川を万一にも泳ぎ渡ることに触れている。パンピルスは，この驚くべき事と「ばかげた」質問に，ときおり嘲笑的に答えている。

最後に，この本のエピローグが始まる。パンピルスは，彼が伝えた水泳論を上手に使用するように，友人に訓戒した。嵐の海においてもこの生命は，約束された天国をキリスト教徒の最後の目標として目からそらさないための望まれた避難所である。幅広い叙述と多くの横道にそれたことを謝

した後に，パンピルスは友人に対して，家でも「内側で濡れる」ようにするために，家の中でも彼に従うように要求した。

　付録では，昔の著者からの水泳術の有用性と必要性に関する個所が提示されている。

注

1) （原注）Das erste deutsche Turnbuch mit Zusätzen aus deutschen Fechthandschriften und 17 Zeichnungen von Albrecht Dürer. Heidelberg (K. Groos) 1871. ドイツ剣術の愛好家には，私の論文も紹介しておこう。Auschlüsse über Fechthandschriften und gedruckte Fechtbücher des 16. Und 17. Jahrhunderts, in einer Besprechung von G. Hergsell: Talhoffers Fechtbuch aus dem Jahre 1467 mitgeteilt. Berlin 1888, R. Gaertners Verlagsbuchhandlung (Herm. Heyfelder). この論文では，H.ヘルクゼルが挙げた若干の剣術書が全く存在していない，ということが論証された。（訳者注）Hergsell, G. (Hg.), Talhofers Fechtbuch aus dem Jahre 1467. Gerichtliche und andere Zweikämpfe darstellend. Mit 268 Tafeln in Lichtdruck. Prag 1887.

2) （訳者注）Wassmannsdorff, K., Aus dem ersten Schwimmbuche der modernen Welt vom Jahre 1538. In: Deutsche Turn-Zeitung, 1885, S. 613-616. なお，ヴィンマンの水泳書に関しては，次の論文も参照されたい。Krüger, A., Schwimmen. Der Wandel in der Eistellung zu einer Form der Leibesübungen. In: Krüger, A. und J. McClelland, Die Anfänge des modernen Sports in der Renaissance. London 1984, S. 19-42.

3) （原注）Die Ringkunst des deutschen Mittelalters mit 119 Ringerpaaren von Albr. Dürer. 1870 (à 3 Mark 20 Pf. von mir zu beziehen).（訳者注）デューラーのこの書については，本訳書の第 5 章を参照されたい。

4) （訳者注）本訳書には訳出していないが，ヴァスマンスドルフはヴィンマンのテキストがライデンの印刷業者「ルグデュニ・バタフォルム」(Lugduni Batavorum) によって「1623 年」に出版された叢書において復刻された，と述べている (VII 頁)。叢書の書名については，注の 10)を参照されたい。

5) （訳者注）Zedler. J. H., Grosses vollständiges Universal-Lexikon: welche bißhero durch menschlichen Verstand und Witz erfunden und verbessert worden. Halle und Leipzig 1732-1754. 該当頁を確認することはできなかった。

6) （訳者注）Hyde, T., Catalogus impressorum librorum Bibliothecae Bodlejanae in Academia Oxoniensi. Oxford 1674. 該当頁を確認することはできなかった。

7) （訳者注）現在のライデン大学図書館は，アウグスブルクの印刷業者「ハインリッヒ・シュタイナー」(Heinrich Steiner) による 1538 年版を所蔵している。

8)（訳者注）現在では，バイエルン州立図書館が H. シュタイナーの印刷による 1538 年版を所蔵している。

9)（訳者注）ヴォルフェンビュッテルの「ブラウンシュヴァイク・リューネブルク公図書館」(Herzoglich Braunschweig-Lüneburgischen Bibliothek) は，現在では「アウグスト公図書館ヴォルフェンビュッテル」(Herzog August Bibliothek Wolfenbüttel) と称している。この図書館も, H. シュタイナーの印刷による 1538 年版を所蔵している。

10)（訳者注）本文で言及されている叢書の題名は，次の通りである。『ARGVMEN-TORVM / LVDICRORVM / ET AMOENITATVM / Scriptores varij. / In gratiam studiosae juventutis collecti et emendati. / LVGDVNI BATAVORVM, / Excudebat GODEFRIDVS BASSON. / ANNO M. DC. XXIII.』

11)（訳者注）本文では，次のような表題が言及されている。『Ludieroe sunt, jocosoe sunt et doctoe festivitatis authoramento gratoe differtationes, quas offero.』。

12)（訳者注）本文のラテン語タイトルは，次の通りである。『COLYMBETES, SIVE DE ARTE NATANDI, Dialogus & festivus & jucundus lectu, PER NICOLAVM VVYN-MAN.』。

13)（訳者注）本書（ヴァスマンスドルフ版）の冒頭において，「Ioanni Georgio Paum-gartenero」への献呈が述べられている。パウムガルトナー（あるいはバウムガルトナー）は，15 世紀から 16 世紀のアウグスブルクにおける都市貴族の家系である。ハンス・パウムガルトナー（2 世）は人文主義者であり，ロッテルダムのエラスムスと親交があった。Baer, W. et al., Augsburger Stadtlexikon. Geschichte, Gesellschaft, Kultur, Recht, Wirtschaft. Augsburg 1985, S. 36.

14)（訳者注）印刷業者である「Lugduni Batavorum」については，注 4)を参照されたい。

15)（訳者注）本文では「ニコラス・ヴィンマン・オランダ人」(Nicolas Winman Hol-landois) と言及されている。Thévenot, M., L'Art de nager démontré par figures, avec des avis pour se baigner utilement. Paris 1696, S. 10.

16)（訳者注）Chapelle, J.-B. de la, Traite de la construction theorique et pratique du Scaphandre, ou du Bateau de l'homme. Paris 1775, p. 258; Chapelle, J.-B. de la, Herrn de la Chapelle gründliche und vollständige Anweisung wie man das von ihm neu erfundene Schwimmkleid oder den sogenannten Scaphander nach untrügli-chen Grundsätzen verfertigen und gebrauchen solle. Warschau und Dresden 1776.

17)（訳者注）ヴィンマンの『コリンベーテス』は，水泳の指導者であるパンピルスと，弟子であり質問者であるエロテスとの対話によって構成されている。以下のヴァスマンスドルフによる『コリンベーテス』における該当頁への言及は，本訳書からは本文への参照ができないため，訳出しなかった。

18)（訳者注）Presinger, F. X. (Hg.), Das Matrikelbuch der Universität Ingolstadt-

Landshut-München. Recoren Professoren Doctoren 1472-1872 Candidaten 1772-1872. München 1872. 該当頁を確認することはできなかった。

19) （訳者注）Prantl, C., Geschichte der Ludwig-Maximilians-Universität in Ingolstadt, Landshut, München zur Festfeier Ihres Vierhundertjährigen Bestehens in Auftrage des Akademischen Senates. München 1872, Bd. 1, S. 214.

20) （訳者注）Mederer, J. N., Annales Ingolstadiensis Academiae, 4 Bde, Ingolstadt 17 82. 該当頁を確認することはできなかった。

21) （訳者注）Wynmann, N., Hercvlis cvm Antaeo Pvtnae Allegorica Ac Pia Interpretatio, Christiano militi non minus utilis quam iucunda lectu, autore Nicolao Wuinmanno, linguarum Ingolstadij publico lectore. Norimbergae 1537.

22) （訳者注）Rollenhagen, G., Froschmeuseler. In: K. Goedeke und J. Tittmann (Hg.), Deutsche Dichter des sechzehnten Jahrhunderts, Bd. 8, Theil 1, Leipzig 1876, S.7.

23) （訳者注）Wassmannsdorff, K., Das „Kleid=Springen" und das „Gürtel= Springen" früherer Zeiten. In: Deutsche Turn-Zeitung, 1866, S. 242.

24) （原注）私はミュンヘンの図書館が所蔵する本を利用した。（訳者注）注 21）を参照されたい。

25) （訳者注）Ringwaldt, B., Die lauter Wahrheit. Darinnen angezeiget, Wie sich ein Weltlicher unnd Geistlicher Kriegßmann in seinem beruff verhalten sol; allen Ständen nützlich und zu ietziger Zeit fast nötig zu lesen, itzt von dem Autores auffs newe wider ubersehen. 1590. ヴァスマンスドルフの引用（S. 5b, 19b, 20, 23a）は 1597 年版からであるが，1590 年版での頁数を確認できなかった。

26) （訳者注）バーゼルの剣術写本とは，ウイーンで 1516 年に印刷された次の剣術書のことである。Paurnfeidt, A., Ergrundung Ritterlicher Fechterey. Wien 1516. 本書はヴァスマンスドルフが私蔵していたが，現在では行方不明である。拙著，ドイツ中世後期の剣術と剣士団体，渓水社，2010 年，75-76 頁。また，ヴァスマンスドルフの『ドイツ中世の格闘術』については，本訳書の第 5 章を参照されたい。

27) （原注）ドイツの剣士組合の歴史に関する予備研究である本書には，「1579 年のニュルンベルクの剣術興行詩」とレーゼナーの詩「1589 年の剣術賛歌」が含まれている。
（訳者注）ヴァスマンスドルフのこの研究については，本訳書の第 3 章と図 7 を参照されたい。

28) （訳者注）Wassmannsdorff, K., Aus dem ersten Schwimmbuche der modernen Welt vom Jahre 1538. In: Deutsche Turn-Zeitung, 1885, S. 613-616, hier S. 615.

29) （訳者注）注 28)を参照されたい。ここでは 616 頁である。

第7章
珍しい身体運動

図7　袋への押し込み

　英雄の体育あるいは騎士の体育について述べている昔の英雄詩は，同じ体育種目を一致して挙げている。しかも，外国の史料に従ったドイツの詩人は，ドイツでは行われていなかった事柄についても述べている。13世紀の英雄視『偉大なヴォルフディートリヒ』における「メッサー投げ」では，戦士は小さな「椅子」あるいは木の台に立って，投げられたメッサーを跳躍して避けなければならない[1]。しかし，このメッサー投げはドイツの剣術の変種では決してない。そして，騎士の遊戯の内「バールラウフェン」は，フランスの騎士に由来する[2]。

　シュヴァーベンのゲオルグ・フォン・エーインゲンが「騎士的な行為を行い，あらゆる騎士遊戯を学ぶ」ために行なった「騎士道への旅」の途中，1455年以前にポルトガルで「軽くはなく，重たい棒」を投げた[3]。この運動も昔のドイツの体育には見出されない。重たい鉄製のバールあるいは棒を投げることは，確かに行われた。フランスの体育の父であるスペイン人のアモロスは，1830年に刊行された体育書の中で[4]，スペインでも今も行われているこの民衆の運動について，次のように指摘している。腕を伸ば

したまま水平に挙げて，地面と垂直になった棒を往復して振り，最後には前方に向かって遠くに押し出す。

我々は，古高地ドイツ語と中高地ドイツ語の英雄詩が体育について報告していることに，別の史料から若干のことを付け加える。昔のそのような身体運動に関する簡単な報告が本稿での目的である。

第1節　壁走り

ドイツの君主と騎士の運動である壁走りについては，もしミュンヘンの「古城」の壁にある有名な詩がなければ，我々は何も分からないままだろう。また，この片脚で行なう独特の器具＝走（「補助板」を使った走＝跳躍運動の原型の一種）に関するその他の指摘は，我々には偶然にしか知らされなかっただろう。いずれにしても，バイエルン公クリストフは1490年には，垂直の壁が器具となるこの走運動を工夫してはいなかった [5]。壁の詩は，もちろん，そのことを伝えている。

昔の壁走りが外国の同時代の体育運動から借用しているものなのかどうか。この点に関して，我々はフランスでも同様の走運動が行われていたことを知っている。1483年生まれのM.ルターと同様に，F.ラブレーは1533年に最初の『ガルガチュアとパンタグリュエル』を公刊した [6]。この本の英雄はドイツの若い貴族と同じように体育をし，もちろん跳躍も練習している。「ガルガチュアは一跳びで堀を越え，柵を飛び越え，1マイルを6歩で走り，槍の高さの窓に登った」（レーギス訳）[7]。1575年にラブレーの本を模写した我がJ.フィッシャートは，この箇所を次のように描いている [8]。ガルガチュアは「壁を跳び上がり，1マイルを6歩で走り，槍の高さの雨戸に登る。だから，どんな犬も決して安眠しなかった」。

剣術＝跳馬師範であるA.ドイレの1719年のドイツ語による『簡明馬術教本』には，「壁に向かって」走ることが描かれている [9]。壁走者が，壁にくっついて立っている者が肩の高さに挙げている棒から，片足で帽子を蹴り落とした。その他，銅版画は背中から横に落ちている壁走者を描いている。また，多作な体育作家であるJ.G.パッシェは，既にドイレより前に，彼が学生の時に書いた最初の本である『槍・旗・教本』（1657）の中で，「跳馬」あるいは机

上跳躍に関する叙述の最後に，次のような走運動を挙げている [10)]。

29. 壁に向かって走り，向きを変えて降りる。
30. この授業ではこれを 3 回実施する。
31. ベンチがある時は，壁に向かって跳び上がり，跳ね返ってくる。

パリでは 1815 年に，次のような演技を行う芸人が見られた [11)]。

　　彼は 6 フィートの高さにある二つの帽子を，跳び上がって，両足を
　　広げて蹴り落とした。そして，彼は垂直の壁に向かって走り上がり，
　　10 フィートの高さにぶら下げられた帽子を両足で蹴り落とした。

第 2 節　棒投げ

　昔の棒投げは，今日の体育の場合のように相手との押し合いではなく，個人の投運動であった。我々の昔の物語り詩は，槍投げのことを「シャフトを投げる」と呼んでいる。私は昔の体育運動としての「棒投げ」を，最初は，剣術師範であるハンス「タールホファー」によって 1443 年に書かれたゴータ写本の中に見つけた [12)]。この剣術写本も神明裁判としての決闘である「戦い」を論じており，そのための準備を絵で示している。未来の戦士の一人が，教えを受けるために剣術師範を「雇った」。剣術師範は騎士に剣術のほかに，本来の体育運動をも命じた。それは例えば石投げであり，初期の史料には言及されていないような棍棒状の棒を前に押し出すことであった。我々の図（図8）は写本のスケッチを小さくして複写しているが，一目でこの運動のやり方が分かる。かつてこの図を説明した者は，明らかに，戦争のための柵を作るために石と木を運び込んでいると考えた [13)]。しかし，彼はこの図に関する半分消えかかった「石投げと棒投げ」という言葉を見落としていた。それでは，この剣術写本の棒を投げる人は，何をしているのであろうか。彼は左足を一歩前に踏み出して，「棒」を右肩に担いで，棒を梃子のように垂直に動かし，前方に押し出すと，棒は太い端から下に落ちる。

図 8　棒投げと石投げ

　現代の「棒投げ」に関するハイデルベルクの体育家の記録を知ることは，恐らく，我々の仲間には望ましいことであろう。私は若いぶなの木から，重さが 14 と 3/4 ポンドで，長さが 2.5m の円形の「棒」を作らせた。この棒の太い方の直径は 9cm で，細い方は 4cm である。当地の体育家の最高の到達距離は，8,5m から 9m であった。しかも，我々はこの棒で，昔のやり方とは違ったやり方でも試みた。我々は棒の細い方の端を右手に持つように両腕を下にして，両手で棒を持った。この場合は，最高の到達距離は 10m であった。棒の太い部分を前にする本来の槍投げは，6m から 7m であった。我々ハイデルベルク人が体育仲間に対して，「体育＝新聞」において「棒投げ」における彼らの成果を報告しているかどうか 14)。

　棒投げという言葉を，私はウイーンにある 15 世紀の剣術写本から取り出した 15)。この写本では，師範であるタールホファーが若い騎士に対して，次のように忠告している。

　　　汝の気持ちを名誉ある事柄に置き，
　　　騎士道に従って考えよ。
　　　喜びを持って訓練しなければならないのは，
　　　石投げと棒投げ
　　　ダンスと跳躍
　　　剣術と格闘
　　　ステッヘンとトーナメント

　美しい婦人への奉仕・・・。

　ミュンヘンに保管されている帽子職人である J.ヴィルハルムの 1523 年
の剣術写本は [16)]，タールホファーの詩を次のように変更している。

　　喜びを持って訓練しなければならないのは，
　　石投げ，棒投げ，
　　剣術，そして格闘など。

　わがフィッシャートは英雄ガルガンチュアについて，次のように述べて
いる [17)]。ガルガンチュアは「イギリス風の斧を投げ，槍を投げ，棒と非常
に重い（木製の）門を投げる」。
　棍棒状の棒を前に押し出すことに関する別の名称は，ミュンヘンの図書
館にある 15 世紀の手書きカレンダーに出てくる「棍棒投げ」である [18)]。
「幸福で繊細な」太陽自身は，星座の中で生まれた「太陽の＝子供」につ
いて次のように讃えている。

　　太陽の子どもたちは，午前中は礼拝を行い，
　　その後，人がするように生活する。
　　石投げ，棍棒投げ，剣術，跳躍，
　　競走，格闘・・・。

　ここでは太陽の子供である幸運な人間の希望に満ちた生活には，昔の見
解によれば，全く体育も属している。彼らは礼拝のためではない時間を，
体育のために捧げた。彼らは互いに剣術を行う。彼らは剣術写本の投，す
なわち「棒」である木製の重い「棍棒」を遠くに投げる。彼らが「驚く」
という時，それは互いに競走することを意味している。
　ここで私は，A.グロッケンドンによる 1531 年の『7 つの惑星』と題する
木版画の中から，太陽の子供に割り当てられた頁の縮小した模写（図 1）を
添付する [19)]。太陽の子供の体育について，後の時代のカレンダーで次のよ
うに変更された詩によれば，

その後，彼らは人がするように生活する，

　　石投げ，剣術，格闘，

　　彼らは暴力で多くの幸運を手に入れる。

　ここでは，ニュルンベルクのゲルマン博物館にあり，『7つの惑星』より若干古い『中世の家庭書』[20]におけると同様に，棍棒投げあるいは棒投げが描かれていないことが分かる。太陽の子供の体育に関するこれ以外のことを，私は1866年の「ドイツ体育新聞」の拙論「昔の跳躍」の中で報告した[21]。

　私が「ドイツ体育新聞」（1864年）で言及したように，現在のセルビア人の民衆体育では，上述の剣術写本の図と全く同じ棒投げが今なお行われている[22]。同様に，棒投げは現在までゴートラント地方で熱心に行われている民衆遊戯の一つとして行われている。ここでは，子供と青年が「棒を突き落とす」。これについては，今年の「ドイツ体育新聞」で詳細に報告されている[23]。1555年にローマで印刷され，ウプサラの司教であるオラウス・マグヌスによる『北方民族史』では，二人の青年が棒を投げている様子が描かれている[24]。しかし，その棒は角材であり，丸くはないように思われる。この棒を担ぐ人のほかに，この木版画には競走する人と石を投げる人が描かれている。『ディトマルシュ年代記』は，（ヤーンの1816年の『ドイツ体育』によれば），1533年に102才で死亡したD.ダンメルスについて，次のように述べている[25]。ダンメルスは「諸都市と諸領封の中で」誰よりも「石と木を8フィート高く，そして遠くに投げる」ことができた。さらに，この年代記によれば，1578年に死亡したK.M.ヨハンは「ハンブルクでは，木を投げることと石を投げることにおいては，誰にも負けなかった」。木を投げることは，今日でもスコットランドで行われている木投げ，つまり一方の端が少し尖って二つに分かれた木（スコットランド語では「caber」と表現される）を投げるのと同じように，棒投げのやり方で行われている。先に挙げたハンブルクの木と石を投げる人が「空の樽をズーウエルス・バルテルの家を越えて投げた」としても，明らかに，騎士の投運動のための道具としての樽は，昔と今のどの史料にも挙がっていない。

第 3 節　綱引き

　指を組んで引っ張り合うことは，昔から愛好された民衆競技である。先に挙げた D.ダンメルスは [26]，自らの力を「特別に」自慢する非常に強い男を「格闘で打ち負かし，二本の指で彼を目印あるいは目標を越えて引っ張った。というのは，一般に民衆にとって（この場合）二本の指が手の中で曲がっているからである」。勝者が彼に「指を全部よこせ」と言った時，彼は次のように答えた。「否，汝は我の二本の指を引きちぎるほど，危険な人物である。我にはまだ二本の指が残っており，これでキャベツを食べることができる」。両方の引っ張り手は，（ビールを）3 オーム「賭けていた」[27]。もちろん，彼らは飲み干してしまった。

　ドイツの騎士の若者が指による引っ張り合いを行ったかどうか，私は証明することができない。格言として現れる詩である『力無く引っ張られた神の異なった死』と，ヴァルターの歌における三重にした縄を持つ三つ又の鉾（この驚くべき武器を木の楯に投げた後，西ゴートの敵が三重にした縄でヴァルターを，力を合わせて引っ張る）から，ドイツにおいても引っ張り合いの際に縄が使用されたことが分かる [28]。この点からすると，いくつかの史料によれば，引っ張り合いの際に縄あるいは綱ではなく，長い布が使用される，ということは注目に値することである。15 世紀のハイデルベルクの写本では，若い騎士の様々な遊戯と運動が挙げられている [29]。そこでは，石投げや剣術や格闘などだけでなく，「棒の引っ張り合い」も挙げられている。

　　汝は，布を持って
　　机の上で綱引きをするのを見る。
　　一瞬の内に，
　　負けた方は机に頭を打ちつける。
　　汝はこの綱引きを見る，
　　仲間は草原で引っ張り合う
　　ある者は机での綱引きを，別の者は草原で綱引きをする。

このように，この競争は「綱引き」と言われる。机に座って，テーブルク

ロスを握る。敗者は「叫び声をあげる」、つまり頭を机にぶつける。それは「草原で」、つまり戸外でこの遊戯を行う場合には、もちろん不可能であった。

図9　布の引っ張り合い

　私はハイデルベルク大学図書館が所蔵する15世紀の別の写本であるT.フォン・ツィルクレーレの『イタリアのゲスト』から、敷布のような布の引っ張り合いの図（図9）を付け加える[30]。ここでは、一方では擬人化された「誠実」と「節制」が、他方では「不実」と「不節制」が、昔の格闘語で言われているように、互いに「引っ張り合って」対立している。この戦いで最終的な勝利がどちらの側に帰したか、ということはこの写本の図からは分からない。「不実」の隣の第二の「不節制」は、対抗して力強く引っ張るために、腕を挙げて悪徳の仲間を励ましているように思われる。両方の組の第一の者が手に一本の棒を持っているが、もちろん、これは次のような風習を示唆している。「互いにタオルを持って」、あるいは「首にテーブルクロスを掛けて」綱引きをする者は、時には、「閂」あるいは「棒」を（恐らくその一端に布が固定されていた）「口に」入れる、という風習である。

　その他、『ルターの綱引き』（1524年の冬）という詩と、今日でも行われている子供の遊びである「ストロー＝コット」（ポンメルン地方）と「綱引き」（シュレージエン地方）について、私は1864年の「ドイツ体育新聞」において述べており、また13世紀前半の写本の中で悪魔と司教座参事会員との「綱引き」について述べられていることも述べておいた[31]。なお、付け加えると、フィッシャートの『ガルガンチュア』は、その他の体育に加えて「シャフト

を引っ張ること」を学び，この棒＝引っ張り合いの際に「全力で」「引き裂く」ことを学んでいる [32]。その場合，勝利した彼は「誰にでも向こう見ずに戦いを挑み，相手をその場から引っ張った」。我々の昔の剣術では，両手で握る長い剣による「奪い合い」という技，鍔迫り合いの技，そしてヘルムバルトという武器に似た「斧」による奪い合いの技が知られている。ゴータにあるタールホファーの図による写本のスケッチは，斧剣士が両手で握った（殺人）＝斧をどのように「奪い合う」か，描いている [33]。もちろん，ドイツ騎士の体育と遊戯について述べているこの史料が，私の知る限り，棒による引っ張り合いについて何も述べていないのは，偶然にすぎない。

　ここで，私が非＝体育的な綱引きである生死を賭けた稀な引っ張り合いについて簡単に報告することを，読者は我慢してくれるだろう。H. W.キルヒホーフは 1601 年に書いた『不満の回転』の第三部で，次のように語っている [34]。ある農民夫婦が長く「口げんかをしていた」が，殴り合いも行った。最後に，二人は「夫が綱の一方を，妻がもう一方を首に巻き付け，一方が他方を押さえつけて殺すために，全力で互いに引き合った」。偶然に来あわせた人が綱を切断した。もちろん，この出来事は創作されたのではない。キルヒホーフが言うには，この戦いの場に偶然来あわせた別の語り手は，夫と妻の命を守るために，「綱引きをする者」に小刀を投げつけ「ようとした」。（「ドイツ体育新聞」（1882 年）を参照 [35]。）

第 4 節　穴の中での格闘

　騎士が「何もなしで，あるいは甲冑をつけて」，すなわち武装している時と，していない時との両方で剣術を学んだように，彼らは昔の剣術と密接に結びついていた「徒歩と騎馬での」格闘をも練習した。騎馬での格闘に関するドイツの剣術写本における教示は，まだ公刊されていない。1870 年の拙著『アルブレヒト・デューラーの 119 組の格闘家による中世の格闘』を知る人は，徒歩での格闘が既に早くからいかに多様な攻撃と「破壊」（防御）で行われていたか，ということを知る [36]。

　昔のドイツの格闘における身体と生命に危険を及ぼす技は，真面目な「戦い」や法的な決闘のために使われた。穏やかな格闘形態は，後述する F.フォ

ン・アウエルスヴァルトが述べているように,「騎士の戯れ」のような事柄,つまり身体的な力と器用性とを平和的で戯れに競い合うことであった。

　1462 年に生まれたアウエルスヴァルトは,1537 年に『格闘術』を書いた[37]。彼は,ザクセンのエルンスト公の息子たちと他の君主や貴族と同様に,ザクセン公の宮廷の「格闘師範」から格闘を学んだ。1539 年に印刷された彼の著作から,我々は「穴の中での格闘」という戯れの騎士運動である「騎士の戯れ」を知る。この騎士の戯れは,ザクセン以外の所でも行われていただろう。1869 年のアウエルスヴァルトの『格闘術』の改訂は,この戯れの格闘の様々な形態を詳細に描写している[38]。この戯れの格闘では,一方が足を小さな穴に入れて立ち,片足でぴょんぴょんと跳ぶ相手は,もちろん挙げた足を下ろしてはならない。彼が相手の足を穴から出させると,勝ちである。16 世紀の剣術写本においてだけ,この穴＝格闘が取り上げられている[39]。このような格闘の考案は,確かに,男性と女性との間の法的な決闘に負うている[40]。この法的決闘では,男性が腰まで丸い穴の中に入らなければならず,女性が男性を穴から引き出すことに成功すると,打ち負かしたと見なされた。

　既に,ハーゲンが編集した『ミンネジンガー』では,相手を「袋の中に押し込む」という言い回しが見られる[41]。格闘の際に相手を実際どのようにして袋の中に押し込んだのか,ということについての報告が本節の最後となるだろう。

　昔の格闘は,相手の片腕を掴んで,相手が完全に抵抗できなくなるようにすることをも教えている。先に挙げたレックヒナーによるメッサー剣術に関するミュンヘンの写本は,格闘の章で,公開の「剣術学校」で入場料を支払った観客を喜ばせるために,「無名」という名前の技である組み手で拘束した相手を,どのようにして袋の中に入れることができるか,ということを取り扱っている[42]。彼が自発的に袋の中に「入ろうと」しない時には,師範が言うには,右手で彼の右足を掴んで,「神の名において彼を袋の中に投げ入れる」。(図 7)

　昔の格闘書の作者の子孫の一人である E. フォン・アウエルスヴァルトは,『昔の格闘術について』(1720 年) という学位論文の中で,次のように語っている[43]。その強力な強さと体の大きさのゆえに,同様に足まで届く髭の

ゆえに有名であった皇帝マクシミリアン 2 世の宮廷軍事参事官は，皇帝の娘を妻にすることを望んだ。この時，同様に有能な英雄であり，宮廷軍事参事官よりも体が大きかったスペイン人が同じ要求を持っていたので，

> 皇帝は，各々の体の大きさに合わせた袋を両人の手に持たせ，皇帝の目の前で相手を袋の中に押し込んだ方が娘を得る，という条件を付けた。彼らは全力を尽くして戦ったが，最後には体の大きいスペイン人が小さい方を，どんな抵抗にもかかわらず，袋の中に入れた。しかし，まもなく彼はひっそりと宮廷から消えた。これに対して，宮廷軍事参事官が花嫁を得た [44]。

このように，ここでも昔の格言が確証される。「幸運を持つ者は，妻を娶る」。
　このほか，なおも別の古い体育運動を知ろうとする者は，叙事詩の中で例示的に挙げられ，特に重要かつ主として練習された運動として強調されているように，明らかに 15 世紀初め以前には作成されていない詩である『騎士鏡』[45]における 7 つの術，つまり 7 つの徳と 7 つの「技能」を看過することはできない。クロスの「新体育年鑑」（1866 年）において，私は当該の箇所を現代ドイツ語に翻訳している [46]。ここでも，この詩人は完全な騎士の技能に水泳，梯子や棒そして縄での登はんを加えている。騎士は剣術を「左右両方でできるように」に学ばなければならない。「戦争では」，両腕を使えることは特別な有利さをもたらす。
　読者はこれらの行間から，騎士の体育の範囲が努力を要する練習と比較的容易な遊戯との間でいかに広範囲であったか，そしてドイツにおける体育が決して新しいことではないということが，既に 1818 年にいかなる正しさを持って言われているか，ということを引き出すことができるだろうと私は思う [47]。

注

1)（原注）これに関する詳細は、1866 年の「ドイツ体育新聞」の 275-277 頁を参照されたい。（訳者注）Wassmannsdorff, K., Das "Messerwerfen" in deutscher Vorzeit. In: Deutsche Turn-Zeitung, 1866, S. 275-277.

2)（原注）既にヴォルフラム・フォン・エッシェンバッハは、『ヴィレハルム』の中でこの走＝遊戯に言及している。ハンス・ザックスもこの遊戯を知っていた。ザックスは喜劇『風呂の中のユリウス皇帝』（1556 年 9 月 29 日）の中で、皇后に次のように言わせている。「我々はあらゆる種類の娯楽を見た。乙女は歌い，若者は跳んだり，格闘したり，石投げをしたり，ボールを打ったりした。また，陣取りをし，棒を運んだ。彼らは良い勇気を示した」（クロスの「新体育年鑑」1879 年，199 頁）。（訳者注）Wassmannsdorff, K., Leibesübungen der deutschen Ritter, des Bürger- und Bauernstand im 15. Und 16. Jahrhundert. In: Neue Jahrbücher für die Turnkunst, 1879, S. 153-160, 193-200, hier S. 199.「バールラウフェン」(die barre loufen) は陣取りの一種である。本訳書の第 1 章を参照されたい。『ヴィレハルム』と H. ザックスの喜劇については，原典を確認することができなかった。

3)（訳者注）Wassmannsdorff, K., Turn= und Kriegsfahrten des schwäbischen Ritters Georg von Ehingen im 15. Jahrhundert. In: Deutsche Turn-Zeitung, 1863, S. 243-246.

4)（訳者注）Amoros, F., Manuel d'éducation physique, gymnastique et morale. Paris 1830.

5)（訳者注）本訳書の第 2 章の該当箇所（33 頁）を参照されたい。

6)（訳者注）ヴァスマンスドルフは，ラブレーの著作の最初を「1533 年」としているが，『パンタグリュエル物語』（第二之書）の刊行年は「1532 年」であり，『ガルガンチュア物語』（第二之書）の刊行年は「1534 年」である。フランソワ・ラブレー作，渡辺一夫訳，第一之書　ガルガチュア物語，岩波書店，1988 年，431 頁。

7)（訳者注）Regis, G., Gargantua und Pantagruel. Leipzig 1832. 該当頁を確認できなかった。

8)（訳者注）Fischart, J., Affentheuerliche vnd ungeheuerliche Geschichtschrift vom Leben, Rhaten vnd Thaten der Helden Grandgusier, Gorgantoa vnd Pantagruel. Straßburg 1575. 該当頁を確認することはできなかった。

9)（訳者注）Doyle, A., Kurtze und deutliche Auslegung Der Voltagierkunst. Nürnberg 1719. 該当頁を確認することはできなかった。

10)（訳者注）Pasche, J. G., Kurze Unterrichtung belangend die pique die Fahne, den Jägerstock, Das Voltesiren, das Ringen, das Fechten auf den Stoss und Hieb, und endlich das Trincieren verferrigts. Wittenberg 1657. 該当頁を確認することはできなかった。

11)（訳者注）本文では「D. T.=Z. v. 1883, S. 526」と典拠が言及されている。しかし，「ドイツ体育新聞」（1833）における該当論文は，マイクロフィルムの撮影不備のため，タイトルも含めて確認することができなかった。

12)（訳者注）Talhoffer, H., Fechtbuch. In: Universitäts- und Forschungsbibliothek Erfurt/Gotha, Chart. A 558 ; Bayerische Staatsbibliothek, München, Cod. Icon. 395. S. 60. バイエルン写本は，エアフルト／ゴータ写本のコピーである。拙著，ドイツ中世後期の剣術と剣士団体，溪水社，2020 年，47 頁。

13)（訳者注）「この図を説明した者」を特定することはできなかった。

14)（訳者注）ヴァスマンスドルフは，既に 1864 年に「ドイツ体育新聞」において「中世の棒投げ」について報告している。しかし，この論文では，本訳書のような棒投げの方法については，報告されていない。Wassmannsdorff, K., Kleine Mittheilungen. 1) Aeltere Anecdoten von Fechtern und Ringern. 2) Das „Stangenschieben" des Mittelalters und über Werfen mit Eisengeräthen in älterer und neuerer Zeit. 3) Das „Voltigieren oder Roßspringen". In: Deutsche Turn-Zeitung, 1864, S. 288-290. 388-390, 401-405, hier S. 402. ヴァスマンスドルフが中世の「棒投げ」を実験的に実施していたことは，きわめて興味深いことである。

15)（訳者注）Talhoffer, H., Fechtbuch. In: Kunsthistorisches Museum, Wien, Ambraser Codex KK 5342B.該当箇所を確認することはできなかった。拙著, 前掲書, 53-54 頁。

16)（訳者注）Wilhalm, J., Fechtbuch. In: Bayerische Staatsbibiothek, München, Cgm 3711. 該当箇所を確認することはできなかった。拙著，前掲書，65-66 頁。

17)（訳者注）注 8）を参照されたい。

18)（訳者注）ミュンヘンの図書館（現在のバイエルン州立図書館）が所蔵するとヴァスマンスドルフが指摘するこの「15 世紀の手書きカレンダー」は，当該図書館の「OPAC 検索」では確認することができなかった。

19)（訳者注）ヴァスマンスドルフが指摘する A.グロッケンドンの 1531 年の木版画『7 つの惑星』(Die sieben Planeten) の所在を確認することはできなかった。彼が載録している図は，E.ノイエンドルフの著作に載録されている図と同じである。ノイエンドルフの著作（Neuendorff, E., Geschichte der neueren deutschen Leibesübung von Beginn des 18. Jahrhunderts bis zur Gegenwart. Bd. I, Dresden 1930, S. 73）では，図のタイトルの一部に次のような文が記載されている。「H. S.ベーハムの木版画『7 つの惑星』(1531) から」。グロッケンドンとベーハムの木版画との関係は，次の論文においても確認できなかった。Seidlitz, W. von, Das Kupferstich- und Holzschnittwerk des Hans Sebald Beham. II, Das Holzschnitwerk. In: Jahrbuch der Königlich Preussischen Kunstsammlungen, Bd. 3, 1882, S. 225-234.

20)（訳者注）Mittelalterliches Hausbuch: Bildhandschrift des 15. Jahrhunderts mit vollständigem Text und facsmilierten Abbildungen. Hg. vom Germanischen Nationalmuseum. Leipzig 1866.

21)（訳者注）Wassmannsdorff, K., Das Kleid=Springen und das Gürtel= Springen früherer Zeiten. In: Deutsche Turn-Zeitung, 1866, S. 242-243.

22)（訳者注）Wassmannsdorff, K., Kleinere Mittheilungen. In: Deutsche Turn-Zeitung, 1864, S. 402. 注 14) を参照されたい。

23)（訳者注）「今年（1890）の『ドイツ体育新聞』の 292 頁で詳細に報告している」とヴァスマンスドルフが言及する論文については，マイクロフィルムの撮影不備のため，刊行年およびタイトルを確認することができなかった。

24)（訳者注）Magnus, O., Historia de Gentibvs Septentrionalibvs. Rom 1555, S. 508. 谷口幸男，オラウス・マグヌス　北方民族文化誌（下巻），渓水社，1991 年, 183 頁。

25)（訳者注）Walther, A. H., Dithmarsische Chronik: darinn nebenst der Landes Beschreibung die Geschichte, So sich vor erlangeter, bey gehabter und nach verlohrener Freyheit des Dithmarscher Landes begeben. 3 Büchern, Schleßwig 1683; Jahn, F. L. und E. Eiselen, Die Deutsche Turnkunst. Hg. von der Deutschen Hochschule für Körperkultur Leipzig, Institut für Geschichte und Organisation der Körperkultur. Berlin 1960, S. 211. ヴァスマンスドルフはヤーンの著作の該当頁を引用しているように思われる。

26)（訳者注）注 25)を参照されたい。ただし，年代記の該当頁を確認することはできなかった。

27)（訳者注）1「オーム」は約 150 リットルであった。Verdenhalven, F., Alte Maße, Münzen und Gewichte aus dem deutschen Sprachgebiet. Neustadt a. d. A. 1968, S. 38.

28)（訳者注）Scheffel, J. V., Das Walthari-Lied. Stuttgart 1875. 該当頁を確認できなかった。

29)（訳者注）このハイデルベルクの写本を確認することはできなかった。

30)（本文）Thomasin von Zerklaere: Der welsche Gast. In: Universitätsbibiothek Heidelberg, Cod. Pal. Germ. 320; Rückert, H., Der wälsche Gast des Thomasin von Zirckaria. Quedlinburg 1852.

31)（訳者注）Wassmannsdorff, K., Kleine Mittteilungen (3. Ziehkampf. Die Strebkatze). In: Deutsche Turn-Zeitung, 1864, S. 209-211, hier S. 210.

32)（訳者注）注 7)を参照されたい。

33)（訳者注）注 12)を参照されたい。

34)（訳者注）Kirchhof, H. W., Wendvnmuth: Darinnen fünffhundert vnnd fünffzig höflicher züchtiger vnd lustiger Historien Schimpffreden vnd Gleichnissen begriffen. Franckfurt a. M. 1563.

35)（訳者注）Wassmannsdorff, K., Ein Seil=Ziehkampf auf Leben und Tod. In: Deutsche Turn-Zeitung, 1882, S. 168.

36)（訳者注）Wassmannsdorff, K., Dir Ringkunst des deutsches Mittelalters mit 119

Ringerpaaren von Albrecht Dürer. Aus den deutschen Fechthandschriften zum ersten Male herausgegeben. Leipzig 1870. 本訳書の第 5 章を参照されたい。

37) （訳者注）Auerswald, F. von, Ringer Kunst. fünff und achtzig Stücken zu ehren Kurfürstlichen Gnaden zu Sachssen etc. Wittenberg 1539.

38) （訳者注）Wassmannsdorff, K., Die Ringer Kunst des Fabian von Auerswald. Leipzig 1869.

39) （原注）1871 年の私の著作『ドイツで最初の体育書と A.デューラーの 17 の図』（Heidelberg, K. Groos）を参照。（訳者注）Wassmannsdorff, K., Das um das Jahr 1500 gedruckte erste deutsche Turnbuch. Mit Zusätzen aus deutschen Fechthandschriften und 17 Zeichnungen von Albrecht Dürer. Heidelberg 1871.

40) （訳者注）法的決闘の手段としての「穴の中での格闘」（Ringen im Grüblein）については，さしあたり次の文献を参照されたい。Minkowski, H., Das Ringen im Grüblein. Eine spätmittelalterliche Form des deutschen Leibringens. Stuttgart 1963.

41) （訳者注）Hagen, F. H. von der, Minnesinger. 8 Bde, Leipzig/Berlin 1838-1861. 該当頁を確認することはできなかった。

42) （訳者注）Lecküchner, H., Kunst des Messerfechtens. Bayerische Staatsbibliothek, München, Cgm 582. Bl. 92^r. なお，H.レックヒナーの剣術写本については，拙著（前掲書）の 59 頁を参照されたい。

43) （訳者注）Auerswald, J. E. von (Hg.), Exercitationes acad. De veterum arte luctandi. Wittemberga 1720. 該当頁を確認することはできなかった。

44) （訳者注）Wassmannsdorff, K., Kleinere Mittheilungen. In: Deutsche Turn-Zeitung, 1864, S. 389. 注 14)を参照されたい。

45) （訳者注）Bartsch, K., Mitteldeutsche Gedichte. Stuttgart 1860. (Bibliothek des Literarischen Vereins in Stuttgart, Bd. 53). 「7 つの技能」（「7 つの敏捷」）については，第 2 章の注 6) を参照されたい。

46) （訳者注）Wassmannsdorff K., Die Leibesübungen der deutschen Ritter im Mittelalter. In: Neue Jahrbücher für die Turnkunst, 1866, S. 194-207, 253-263, hier S. 256, 260.

47) （訳者注）1818 年の論文（著作）については，確認することができなかった。

第8章
K.ヴァスマンスドルフの
ドイツ中世後期のスポーツ史研究 [1]

図10　K.ヴァスマンスドルフ（1821–1906）

　本稿の目的は，19世紀後半にドイツで活躍した「体育史家」の一人である K.ヴァスマンスドルフ（1821-1906）に焦点を当てて，ドイツ中世後期における身体運動の歴史研究に対する彼の業績を概観することである。

　歴史の研究においては，あるテーマに関する先行研究の成果を分析することは，自らの研究を学説史的に位置づけて，研究の独創性を主張する上で重要な作業である。ドイツ中世後期における身体運動の研究に関しては，ドイツでは既に19世紀に多様な成果が現れる [2]。例えば，P. A.ブディーク（1836）や F.ニーデナー（1881）あるいは A.シュルツ（1889）などによるトーナメントに関する研究，J. C.ヘンデル（1802）や G.フライターク（1867）あるいは A.エデルマン（1890）などによる射撃研究，G.ヘルクゼル（1896）による剣術に関する一連の研究などが挙げられる [3]。

　これらの「文化史家」と呼ばれる歴史家たちと並んで，いわゆる「体育史家」と呼ばれる人たちも，ドイツ中世後期における身体運動に関して多様な研究成果を挙げている。例えば，C. M.バロン（1865），E. F.アンゲル

シュタイン（1868），C.オイラー（1881），H.ブレンディッケ（1882），F.イゼリン（1886）などの体育史家によって通史的な「体育史」が刊行されている[4]。これらの通史的な体育史では，例えば F. A.ランゲに見られるように，古代ギリシャの体育が重視され，中世の体育は否定的に扱われている（「中世暗黒史観」）[5]。

　他方では，ドイツの中世後期の体育に関する先駆的な研究も出現する。中でも，1880 年に刊行された J.ビンツの『中世の身体運動』は，中世後期における身体運動を包括的に叙述した最初の文献である[6]。さらに，W. L.マイヤー，J.パーヴァル，W.クランペ，J．C.リオン，H．F.マスマンなどが，当時創刊されつつあった体育専門雑誌（後述）に，ドイツの中世後期の身体運動に関する個別的な論文を発表している[7]。このような体育史家たちの中でも，ヴァスマンスドルフの研究は，中世後期の身体運動の歴史に対する関心の多様さと研究論文の数の上で，当時の体育史家の研究成果をはるかに凌駕している。

　わが国では岸野雄三が，ドイツ中世後期の身体運動に関するヴァスマンスドルフの研究について，「体育史研究の分野で，実証的・書誌学的な方法を最初に取り入れた研究者として高く評価されている」と指摘して，「体育史の研究略史」におけるヴァスマンスドルフの業績の位置づけを試みた[8]。しかし，岸野によるヴァスマンスドルフによる研究の紹介は断片的であり，研究成果の十分な分析を行なっているとは言いがたい。

　本稿では，以下のような問題を設定して，ドイツ中世後期における身体運動に関する K.ヴァスマンスドルフの研究業績を分析する。

I. ヴァスマンスドルフの生涯と文筆活動。

　　1. 彼の生涯を簡単に紹介する。

　　2. 彼が発表した著作及び論文から，彼の問題関心を概観する。

II. ドイツ中世後期における身体運動に対するヴァスマンスドルフの問題関心と業績。

　　1. 中世後期の身体運動に関して彼が発表した著作と論文から，彼の研究の問題関心を概観する。

　　2. 中世後期の身体運動に関する論考の文献目録を作成する。

第1節　生涯と文筆活動

1　生涯

　ヴァスマンスドルフの生涯に関して，彼の 70 歳を記念した G.マイヤーの論文，80 歳を記念した A. M.ベットヒャーの論文，及びベットヒャーと E.ノイエンドルフによる追悼論文，さらに C.オイラーの論文を手がかりにしながら，彼の履歴を略述することに止める [9]。

　K.ヴァスマンスドルフ（Karl W. F. Wassmannsdorff）は，1821 年 4 月 21 日にベルリンで生まれた。彼はベルリンのグラウエ・クロスター・ギュムナジウムの第五学年であった 1836 年の復活祭の頃に，初めて「体育」に接した。彼は E. W. B.アイゼレンが 1836 年に創設した体育学校に入学し，この学校の指導者であった W.リューベックから，剣術と F. L.ヤーンの「体育術」を学び始めた。翌年の 1837 年夏には，彼はドイツ体育の創始者であるヤーンをフライブルク a. U.に尋ね，彼の著書『ドイツ体育』（1816）[10] を贈られている。

　1841 年の復活祭にギュムナジウムを卒業した彼は，言語学を学ぶためにベルリン大学に進んだ。彼は大学での勉学の一方で，リューベックの体育学校での活動を中止することはなかった。むしろ，彼は体育教師への道を積極的に進み始めている。彼はこの体育学校の体育助手あるいは指導者として活動しながら，J. C.グーツムーツ，A.フィート，ヤーンなどの体育文献を研究し，また 1843 年に刊行されたリューベックの『体育教本』の作成にも協力している [11]。

　1844 年にベルリン大学での勉学を終えたヴァスマンスドルフは，兵役を済ませた後の 1845 年復活祭に，バーゼルのギュムナジウムでドイツ語と体育を教える職に就いた。この時，アイゼレンは次のような推薦文を書いている [12]。

　　言語学の学徒であるカール・ヴァスマンスドルフ博士は，私の指導の下に体育訓練を最後までやり遂げました。助手と教師としての働きによって，体育に対する彼の職業能力は十分に証明できます。古今の

あらゆる体育の探求と比較における彼の学問的な研究と，彼自身の高
い身体的な能力とによって，彼は体育学校の指導に全く適しています。
ベルリン，1845 年 5 月 16 日。E.アイゼレン。

　バーゼルでの在職中に彼は，後に「学校体育の父」と呼ばれ，当地で体育
教師をしていた A.シュピースと深い親交を結び，彼の体育理論の構築に協力
した。特に，1846 年に刊行されたシュピースの『集団体育』の作成に際して
は，シュピースは「私の部屋に来て，下書きを読んで聞かせ，私の批判と所
見を求めた」[13]。他方，彼は 1845 年に最初の論文である『シュピースの体
育論』を出版し，シュピースの体育論に対する誤解に反論を加えた [14]。
　バーゼルでのヴァスマンスドルフの教職活動は，僅か 2 年間に過ぎなかっ
た。1847 年には，ハイデルベルクに移った。ここで，彼はハイデルベルク
大学，高等学校，高等市民学校，民衆学校で体育を教えた。また，1848 年
にはハイデルベルクに「体育クラブ」を創設し，自ら指導を行った。彼は
学校とクラブでの体育指導の傍ら，1861 年にはバーデン大公国の学校－ク
ラブ－軍隊における体育制度に関する建白書を大公に差し出している。ま
た，1863 年 1 月にはイエーナ大学より言語学博士を授与された。さらに，
1864 年から 1892 年まで「ドイツ体育団体」の技術委員会の委員長を務め
た。彼は 1891 年にはハイデルベルク大学を退官し，その後も精力的に論
文を発表していたが，1906 年 8 月 6 日にハイデルベルクで死去した。

2　文筆活動

　ヴァスマンスドルフは，上述の 1845 年のシュピースの体育論に関する
著作に始まり，16 世紀の医者である H.メルクリアリスに関する 1900 年の
雑誌論文で公的な執筆活動を終了するまで，非常に数多くの論文と著作を
発表している。別稿の文献目録が示しているように [15]，彼の研究業績の大
部分は雑誌論文であり，これらの論文は当時創刊された次のような体育専
門雑誌に掲載されている。「ツルナー」（1846-1852, 筆者未見），「新体育年鑑」
（1855-1879），「ドイツ体育年鑑」（1843-1844, 1880-1894），「ドイツ体育新
聞」（1856-1944），「体育制度月報」（1882-1908，ヴァスマンスドルフも編集協

力者の一人）。これらの雑誌に発表された彼の論文は，書評や雑報などの寄稿を除いても，約250篇に及んでいる。また，雑誌論文を単行本化したものを含めて，著作は約30篇に及んでいる。書評などを除いて，彼の著作と論文の題目を通覧すると，ヴァスマンスドルフの問題関心は次のようにまとめることができる。

　①　体育における運動教材と用具，
　②　身体運動に関する術語，
　③　身体運動の歴史。

1)　運動教材と用具に関する論文

　ドイツでは，19世紀は学校体育と社会体育の成立期であった[16]。ドイツでは1860年代以降すべての州において体育が学校教育における教科として取り入れられた。他方で，ヤーンに始まる体育クラブは年々その数を増大させ，1860年にはコブルクで「第一回ドイツ体育＝青少年祭」が開催されるに至っている[17]。こうした中にあって，ヴァスマンスドルフの学校体育における教材に対する関心の一つは，シュピースが考案した「秩序運動」に向けられており，1868年には『ドイツ学校体育の秩序運動』を出版している[18]。特に，シュピースの死去（1858年）の際に遺稿の相続人に指名された彼は，1869年にシュピースの円舞と唱歌円舞に関する遺稿を完成させている[19]。教材に関する彼のもう一つの関心は，「器械運動」である。彼は平行棒，鉄棒，木馬，シーソーなどの器械での運動に関する論文を発表している。用具に関する彼の論文の中でも，1875年に「ドイツ体育新聞」に発表した「体育用具の考案と使用の歴史」と題した論文は，それまで彼が用具に関して発表した研究の総括的な論文であり，同時に体育用具の歴史に関する論文として注目に値する[20]。

2)　術語に関する論文

　学校体育における教材と用具に対する彼の問題関心が主として1870年代半ばまでであったのに対して，彼の研究活動を常に支配していた問題関心は身体運動に関する術語と歴史の問題であった。言語学者としての彼は，「ヤーンの時代以後の体育制度の大規模な普及は，識者には分かるように，

我々の術語が一種の野蛮化をきたすという結果を伴っていた」という問題
意識を常に抱いていた [21]。このため，「我々体育文筆家は母国語の精神に逆
らわないようにし，運動を表現する体育言語の本質を最後には統一する」
ということが，彼の生涯の課題でもあった [22]。彼は 1861 年には『ドイツ
体育の術語の統一への提案』を世に問うている [23]。体育における術語の問
題の中で，特に彼の関心事であったのは，「Hantel」（亜鈴）という語の性
を巡る論争であった。この論争は，1858 年に刊行された M.クロスの『唖
鈴書』に対するヴァスマンスドルフの書評に始まり [24]，約 30 年間に及ん
だ。この間，彼は体育雑誌に数多くの論文を発表し，また 3 冊の著作（18
77，1882，1883）を表している [25]。論争の結果，「Hantel」は男性名詞であ
り，複数形は「die Hantel」である，というヴァスマンスドルフの見解の
正しさが確認された [26]。

3) 歴史に関する論文

　ベットヒャーはヴァスマンスドルフの 80 歳を記念した論文の中で，次の
ように述べている。体育専門雑誌に発表されたヴァスマンスドルフの論文
について，「比較的小さな報告と，多くの頁を要する書評を除けば，多くは
歴史的な内容のある論文 181 篇を見つけることができた。その内，22 篇が
体育言語に関するものであり，59 篇が実践的な体育経営あるいは用具技術
に関するものであった」[27]。この数字はともかく，ヴァスマンスドルフの
研究業績の大部分は歴史的内容のある論文である。これらの論文や著作の
題目を通覧すると，彼の歴史研究の関心が次の二つに収斂することが明ら
かになる。一つは，近代体育の父と呼ばれるべきなのはグーツムーツでは
なく，バゼドウであることを論証することである [28]。もう一つは，グーツ
ムーツやヤーンによって始められた「ドイツの体育が決して新しい事柄で
はない」こと，あるいは「モンテーニュ，ロック，ルソー以前に，ドイツ
でも学校体育が既に存在していた」ことを論証することであった [29]。前者
の問題関心から，彼は 18 世紀中庸から 19 世紀前半のドイツの諸体育家（J.
B.バゼドウ，G. U. A.フィート，P.ヴィョーム，グーツムーツ，ヤーン，J. F.シモン，
E.デュレ，J. H.ペスタロッチなど）の研究に向かい，『汎愛主義教育学者の体
育』（1870）を始めとする数多くの論文を残している [30]。しかし，次節で見

るように，後者の問題関心に基づく中世後期に関する研究は，当時のドイツの体育史家の中でも，研究関心の持続性と論文の多さで傑出している。

　ところで，彼の歴史的な問題関心は，近代体育と中世後期の体育の研究に留まらないで，古代の体育にも及んでいる。しかし，古代ギリシャ体育への関心は，主として学校体育における教材に関する問題意識に支えられており 31)，オリンピアでの競技会やギュムナシオンなどでの体育には及んでいなかった。古代ギリシャ体育への関心のほかに，彼は当時（19 世紀）の諸外国の体育にも注意を向けていた。例えばフランス，イギリス，アメリカ，アルメニアなどの体育事情について言及し，またエスキモーの身体運動についても考察している 32)。

第2節　ドイツ中世後期のスポーツ史に関する業績

1　ドイツ中世後期のスポーツ史に関する業績

　19 世紀半ばに創刊された体育専門雑誌の目次を通覧すると，前述のようにマイヤー，パーヴァル，クランペ，リオン，マスマンなどがドイツ中世後期の身体運動に関する論文を発表している。しかしながら，彼らの論文がその時々の発表に終わっているのに対して，ドイツ中世後期の身体運動に対するヴァスマンスドルフの研究関心は，生涯にわたって失われることはなかった。これに関する彼の論文は，次節の文献目録が示しているように，約 70 篇に及んでいる。これらの論文の内容を概観すると，彼の問題関心は，次のような問題にまとめられるだろう。
　① 騎士学校における身体運動，
　② 身体運動に関する人文主義者と医学者の見解，
　③ 体育用語の語源，
　④ 騎士の身体運動，
　⑤ 剣術・格闘・射撃・水泳に関する古文書の復刻と解説，
　⑥ 民衆的身体運動。
　以下では，これらの問題圏に関する代表的な論文だけを紹介する。各々の文献に関する発行年の次の数字は，次項における文献の整理番号に対応

している。

1) 騎士学校における身体運動

　この分野の代表的な論文は『バゼドウ以前のドイツの学校体育』（1870-31）である。この中で，彼は 1594 年に創立されたチュービンゲンの貴族学校における身体運動を，学校規則から明らかにしている。このほか，彼は16 世紀の学校における体罰についても報告（1867-27）している。

2) 身体運動に関する人文主義者と医学者の見解

　この分野の代表的な論文は，J.カメラリウスによる 1544 年の身体運動に関する「対話」をラテン語からドイツ語に翻訳した論文（1872-38）と，身体運動に関する医学者の影響に関する論文（1869-30）である。後者の論文では，H.メルクリアリスを始めとするイタリア・ドイツの医学者の身体運動に関する見解を紹介している。

3) 体育用語の語源

　前述のように，彼は体育用語の問題に関して多数の論文を発表している。ここでは，次の二つの論文を挙げておく。一つはヤーンの標語である「純血，自由，快活，敬虔」に関する論文（1860-14）と，もう一つは「turn」というドイツ語の動詞に関する論文（1893-61）である。前者の論文では，16 世紀のドレスデンにおける貴族の「系譜」を史料にして，この標語が学生の標語であったことを明らかにしている。後者の論文は，11 世紀の史料に依拠しながら，「turnen」という動詞が中世では「身体運動を行う」ことを意味するのではなく，「方向を定める（lenken），制御する（regieren）」を意味することを明らかにしている。また，この論文では，中世の手書き文書を史料として，「Turner」が中世には「トーナメントとトーナメント戦士」を意味していたことも明らかにしている。

4) 騎士の身体運動

　ドイツの騎士の身体運動に関する論文（1866-23）と，騎士・市民・農民の身体運動に関する論文（1879-47）の中で，彼は『ニーベルンゲンの歌』

や『エレーク』などの英雄文学，あるいは H.ザックスの詩などを史料として，騎士・市民・農民の身体運動を明らかにしている。このほか，彼はシュヴァーベンの騎士エーインゲンの騎士旅行に関する論文（1863-16），バイエルン公クリストフの身体教育に関する論文（1875-41），さらに M.ベーハイムの年代記を史料にしたプファルツ選帝侯フリードリヒの身体教育に関する著作（1886-6）などを発表している。

5) 剣術・格闘・射撃・水泳に関する古文書の復刻と解説

　ドイツ中世後期の身体運動に関する研究の中で最も重要な貢献と思われるのが，文書（写本）の復刻と原典批判である。剣術に関しては，A.デューラーの剣術書に関する著作（1871-4），16・17世紀の手書き剣術写本と印刷された剣術書に関する著作（1888-9），M.フントの1611年の剣術書をラテン語からドイツ語訳した著作（1890-11）などを通じて，ドイツで最初の剣術写本と印刷された剣術書の紹介を試みている。また，剣士団体である「マルクス兄弟団」と「羽剣士団」の相違を問題にした論文（1864-19）と著作（1870-2），剣術興行に関するテキストと C.ローゼナーによる1589年の『剣術賛歌』とを復刻した著作（1870-2），マルクス兄弟団が皇帝フリードリヒ3世から得た特権状に関する論文（1877-44）などがある。格闘に関しては，デューラーの格闘に関する印刷本の復刻（1870-3），F.フォン・アウエルスヴァルトと N.ペーターの格闘術に関する著作の復刻（1869-1，1887-8）などがある。射撃に関しては16世紀のドイツの道化師 L.フレクセルと B.ハンによる射撃大会についての詩の復刻（1886-5，1887-7）がある。さらに，1576年にシュトラスブルクで開催された射撃大会の際にチューリッヒの人々が船で参加したことに関する論文（1870-32）も発表している。水泳についても，N. W.コリンベーテスの水泳の復刻（1883-54，1885-56，1889-10）を行なっている。

6) 民衆的身体運動

　彼は「ドイツ体育新聞」における一連の「小報告」の中で，ドイツ中世後期に行われていたさまざまな種類の走・跳・投などの「民衆的運動」について報告している（1864-20，1866-25，1866-26，1867-28，1869-29，1899-65，1899-67）。このほか，J.フィッシャートの『事実歪曲史』（1575）を史料にし

た 15・16 世紀の遊戯に関する論文（1896-66）も発表している。

2　文献目録

　この目録では，ドイツ中世後期の身体運動に関するヴァスマンスドルフ
の研究が，著作と論文に分けて記載されている。著作では題目・出版地・
出版年を，論文では題目・雑誌名・刊行年・頁を示した。雑誌に関して
は，次のような省略を行った。

　JdT ：「ドイツ体育年鑑」（Jahrbücher der deutschen Turnkunst, 1843-1844,
　　　1880-1894）

　NJfT ：「新体育年鑑」（Neue Jahrbücher für die Turnkunst, 1855-1879）

　DTZ ：「ドイツ体育新聞」（Deutsche Turn-Zeitung, 1856-1944）

　MfT ：「体育制度月報」（Monatsschrift für das Turnwesen, 1882-1908）

　なお，（　）で囲んだ題目の論文は筆者未見であるが，他の文献から中
世後期の身体運動に関係のある論文と思われるので，この目録に載録し
た。雑誌「ドイツ体育新聞」における一連の「小報告」に関しては，その
内容を（　）内に示した。

1）著作

1. Die Ringer=Kunst des Fabian von Auerswald, erneuert von G. A. Schmidt
Turnlehrer zu Leipzig, mit einer Einleitung von Dr. K. Wassmannsdorff
in Heidelberg. Leipzig 1869.
2. Sechs Fechtschulen (d. i. Schau= und Preisfechten) der Marxbrüder und
Federfechter aus den Jahren 1573 bis 1614; Nürnberger Fechtschulrei-
me von Jahr 1579 und Röseners Gedicht: Ehrentitel und Lobspruch der
Fechtkunst v. J. 1589. Heidelberg 1870.（覆刻版, hansebooks, 2016）
3. Die Ringkunst des deutschen Mittelalters mit 119 Ringerpaaren von Al-
brecht Dürer. Aus den deutschen Fechthandschriften zum ersten Male
herausgegeben. Leipzig 1870.（覆刻版, hansebooks, 2016）
4. Das um das Jahr 1500 gedruckte erste deutsche Turnbuch. (Mit Zusätzen
aus deutschen Fechthandschriften und 17 Zeichnungen von Albrecht Dü-
rer). Heidelberg 1871.（覆刻版, Inktank-Publishing, 2018）

5. Pritschenmeisters Lienhardt Flexel's Reimspruch über das Heidelberger Armbrustschiessen des Jahres 1554. Heidelberg 1886.

6. Die Erziehung Friedrichs des Siegreichen, Kurfürsten von der Pfalz. Aus Michel Beheims Reimchronik. Heidelberg 1886.

7. Balthasar Hans Ausreden der Armbrust und Büchsenschiessen. Aus einer Handschrift des 16. Jahrhunderts. Heidelberg 1887.

8. Nicolaes Petters Ring=Kunst vom Jahre 1674. Mit deutschem und holländischem Text und 71 Lichtdrucken der Kupfer Romein de Hooghes. Heidelberg 1887.

9. Aufschlüsse über Fechthandschriften und gedruckte Fechtbücher des 16. und 17. Jahrhunderts, in einer Besprechung von G. Hergsell: Talhoffers Fechtbuch aus dem Jahre 1467. Berlin 1888.

10. Nicol. Wynmanni Colymbetes, sive de arte natandi dialogus. Das erstes Schwimmbuch der Welt. Heidelberg 1889. (覆刻版, Inktank-Publishing, 2021)

11. Turnen und Fechten in früheren Jahrhunderten. Aufsätzen zur Geschichte der deutschen Leibesübungen aus der Festzeitung für das siebente deutsche Turnfest München 1889. Heidelberg 1890.

2) 論文

12. (Eiserne Rechstangen. In: Turner, 1852, S. 133.)

13. (Eiserne Geräthe zum Werfen mit dem Fuße. In: Turner, 1852, S. 217.)

14. Das Frisch, Frei, Fröhlich, Fromm als Studenten Wahlspruch vor Jahn. In: NJfT, 1860, S. 251-253.

15. Der Wunsch "Gut Heil" vor Jahn. In: DTZ, 1862, S. 50.

16. Turn= und Kriegsfahrten des schwäbischen Ritters Georg von Ehingen im 15. Jahrhundert. In: DTZ, 1863, S. 243-246.

17. Luthers Ausspruch über Leibesübungen in deutschen Turnschriften. In: NJfT, 1864, S. 257-261.

18. Kleine Mitteilungen. (1. Gut Heil !, 2. Schwebegehen, 3. Ziehkampf. Die Strebkatze). In: DTZ, 1864, S. 209-211.

19. Ueber die Marxbrüder und Federfechter und über das älteste bisher noch unbekannte - gedruckte deutsche Fechtbuch. In: DTZ, 1864, S. 353-356.

20. Kleinere Mittheilungen. (1. Aeltere Anecdoten von Fechtern und Ringern. 2.

Das "Stangenschieben" des Mittelalters und über Werfen mit Eisengeräthen in älterer und neuerer Zeit. 3. Das "Voltigieren oder Roßspringen"). In: DTZ, 1864, S. 288-290, 388-390, 403-405.

21. Entgegnung in Sachen der Marxbrüder und Federfechter gegen Prof. Scheidler. In: DTZ, 1865, S. 71-72.

22. Kleinere Mittheilungen. (Christus als Turner, und Turner in der Hälle). In: DTZ, 1865, S. 202-205.

23. Die Leibesübungen der deutschen Ritter im Mittelalter. In: NJfT, 1866, S. 194-207, 253-263.

24. Kleinere Mittheilungen. (Noch einmal der Phayllos-Sprung, Balentin Trichter's Ritter=Exercitien=Lexicon, Zimmergymnastik im vorigen Jahrhundert). In: DTZ, 1866, S. 42-45.

25. Das „Kleid=Springen" und das „Gürtel=Springen" früherer Zeiten. In: DTZ, 1866, S. 242-243.

26. Das "Messerwerfen" in deutscher Vorzeit. In: DTZ, 1866, S. 275-277.

27. Klettern als Schulstrafe im 16. Jahrhundert. In: DTZ, 1867, S.77-78.

28. Kleine Mittheilungen. (Schwebegehen und Recept gegen den Schwindel, Ziehkampf). In: DTZ, 1867, S. 311-312.

29. Kleine Mittheilungen. (Springübungen aus dem Volksleben). In: DTZ, 1869, S. 209-210.

30. Aetzlicher Einfluss auf die sog. Erneuerung der Leibesübungen in Deutschland; ein Beitrag zur Geschichte der Turnkunst. In: NJfT, 1869, S. 111-133.

31. Deutsches Schulturnen vor Basedow, oder: Die Turnübungen der beides ältesten deutschen Adelsschulen. In: DTZ, 1870, S. 33-40, 41-42.

32. Eine Turn= und Wasserfahrt der Züricher nach der freien deutschen Reichsstadt Straßburg im Jahr. 1576. In: DTZ, 1870, S. 264-266, 269-270, 273-274.

33. Eine Würdigung der erzieherischen Bedeutung der deutschen Leibesübungen, aus dem Jahr 1622. In: DTZ, 1870, S. 306-308, 310-312.

34. Wie sprang man vor Erfindung der Springfeiler ?. In: DTZ, 1871, S. 86.

35. Das Ringen im Grüblein, nach einer Fechthandschrift des 16. Jahrhunderts. In: DTZ, 1871, S. 120-123.

36. Albrecht Dürer, ein Turnschriftsteller. In: DTZ, 1871. S.125-128.

37. Kinder= und Turnspiele, moralisch gedeutet durch die Züricher Amman und

Meyer im Jahr 1657. In: DTZ, 1872, S. 217-218, 221-224.

38. Joachim Camerarius's Gespräch über Leibesübungen vom Jahr 1544. In: DTZ, 1872, S. 272-273, 279-281.

39. Kleine Mittheilungen. (Eine Klage von Jahr 1591 über Abnahme von Jugend= und Turnspielen in der Schweiz). In: DTZ, 1873, S. 91.

40. Die Leibesübungen an dem 1696 gegründerten Pädagogium zu Halle. In: DTZ, 1873, S. 95-97.

41. Turnerische Bildung Bayerischer Fürsten, besonders des Herzogs Christoph von Bayern. In: DTZ, 1875, S. 177-179.

42. Zur Geschichte der Erfindung und des Erstgebrauches der Turngeräthe. In: DTZ, 1875, S. 273-277, 294-298, 305-307, 313-318; 1876 (Zweite Abtheilung), S. 33-36, 49-52, 65-69, 73-76, 89-90.

43. Zur Geschichte der Turnwörter Knie- und Fersenheben, Brettlaufen und Brettspringen. In: DTZ, 1876, S. 55-56.

44. Kaiser Friedrich's III. Freiheitsbrief von 10. August 1487 an die Deutschen Meister des Schwerts. In: DTZ, 1877, S. 137-139.

45. Irrige Angaben über das altdeutschen Fechterwesen. In: NJfT, 1878, S. 164-169.

46. Scharffechten zweier Fechtmeister im Jahre 1444. In: DTZ, 1878, S. 375-376.

47. Leibesübungen der deutschen Ritter, des Bürger- und Bauernstand im 15. und 16. Jahrhundert. In: NJfT, 1879, S. 153-160,193-200.

48. Dr. Jul. Bintz: Die Leibesübungen des Mittelalters. Guetersloh, C. Bertelsman 1880. S. VI. und 193. In: JdT, 1880, S. 128-133.

49. Erste Mädchenturn=Büchern der Welt. In: JdT, 1881, S. 242- 272.

50. Einige Berichtigungen zu der Skizze „Deutsche Leibesübungen in früheren Jahrhunderten" in Nr. 1 u. ff. F. 1881 der „Deutschen Turn=Zeitung". In: DTZ, 1881, S. 363-364.

51. Aus einer Fechtstunde im Jahre 1547. In: DTZ, 1882 ?, S. 48-49.

52. Ein Seil=Ziehkampf auf Leben und Tod. In: DTZ, 1882, S. 168.

53. Ein kleiner, doch scharfer Bauernkrieg des sechterfahrenen Kirchhof im Jahre 1555. In: DTZ, 1883 ?, S. 132.

54. Eine Schwimm-Denkschrift aus dem siebzehnten Jahrhundert an den Kaiser Leopold; die erste Denkschrift in Sachen der Leibesübungen an einen deutschen Fürsten. In: DTZ, 1883, S. 354-357, 370-371.

55. Einige an älteren deutschen Schützenfesten. In: DTZ, 1885 ?, S. 130.

56. Aus dem ersten Schwimmbuch der modernen Welt vom Jahre 1538. In: DTZ, 1885, S. 613-616.

57. Die echte Tischrede Luther's von der „Uebung mit Singen und Fechten". In: DTZ, 1886 ?, S. 49-52, 66-68, 81-83, 97-100.

58. Ueber Johann Friedrich Simon, den ersten Turnlehrer in Deutschland. In: DTZ, 1887, S. 700-704, 715-718.

59. Hergsell, Gustav: Talhoffers Fechtbuch aus dem Jahre 1467. Prag 1887. In: MfT, 1888. S. 121-138.

60. Das älteste in französischer Sprache gedruckter Fechtbuch von Jahr 1538 ist eine Uebersetzung des ältesten deutschen Fechtbuches von Jahr 1516. In: MfT, 1892, S. 129-139.

61. Das Turn-Wort Notkers und der Turnierzeit bedeutet nicht Leibesübungen treiben. In: JdT, 1893, S. 269-275, 316-322.

62. Ein Akrostichon auf den Namen GutsMuths von Jahr 1645. In: MfT, 1893, S. 357-360.

63. Zur Erinnerung an Hans Sachs. Die „Ehebrecher-Bruecke" des Hans Sachs und des Jost Amman. In: DTZ, 1894, S. 861-864.

64. "Olympische Spiele" in einem deutschen Buche v. J. 1536. In: DTZ, 1896, S. 923-924.

65. Der Wettlauf im deutschen Volksleben. In: DTZ, 1896, S. 1029.

66. Deutsche Spielverzeichnisse aus dem 15. und 16. Jahrhundert und Maßmanns unrichtige Deutung dieser Spiele. In: DTZ, 1899, S. 78.

67. Kleine Mitteilungen, (Tiefsprung, Schießen, Wettlauf, Ballschlagen, Stein-stoßen, Kegeln, Ziehkampf usw.). In: DTZ, 1899, S. 244-246.

68. Eines deutschen Arztes Urteil aus dem Jahre 1588 über Art und Wert von Lei-besübungen und Spielen. In: DTZ, 1899, S. 951.

69. Spiele und Leibesübungen in deutschen Handschriften, und ein Blick auf das Schulturnen in Deutschland seit dem 16. Jahrhundert. In: DTZ, 1899, S. 1094-1096.

70. Ein schöner Turn=Wunsch aus dem Jahre 1599. In: MfT, 1900, S. 23.

71. Des Arztes Hieronymus Mercurialis Gesuch von Jahr 1573 an den deutschen Kaiser Maximilian II. um Wiederherstellung der antiken Gymnastik. In: MfT,

1900, S. 176-179.

第3節　K.ヴァスマンスドルフの歴史研究への評価

　K.ヴァスマンスドルフの歴史研究について，E.ノイエンドルフは1900年の追悼論文の中で，次のように評価している[33]。

> 　身体運動の歴史は，彼が最も好んで没頭したことである。彼はあらゆる世紀から，勤勉かつ驚くほど徹底的に身体運動に関する覚え書きを集め，それらを無数の論文で伝えた。ほんの僅かなことでも，彼は非常にきちょうめんな誠実さで取り扱った。それゆえ，人々は史料自体と同じように，彼が書いたことを利用することができる。その場合，彼は自分自身あるいは他人を鼓舞するために歴史を研究してはいない。また，過去の中から発展の法則を読み取り，それによって将来への道を読み取るために，歴史を研究したのでもない。彼にとって重要なのは，客観的な真実の発見だけである。全く同様に，客観的な真実が実践的な価値を持っている。彼は物事に関するいかなる尺度も持っていなかった。彼は真実を，実際の歴史の中で果たした役割に従って評価したのではなく，真実を論証するために彼が費やした英知の度合いに従って評価した。（中略）基本的な個別研究によって体育の歴史に対して多くの価値ある，しかも学問的に有用な史料を集めた人物として，彼は歴史に残るだろう。

　ヴァスマンスドルフ自身は，1890年代のランプレヒトを中心とした歴史学における方法論争について，明確な見解を残してはいない。しかし，彼の諸論文を通読するならば，彼が歴史を法則的に理解するよりも，事実を史料によって実証することに忠実であったことは明白である。ギリシャ語，ラテン語，フランス語，英語などの語学力と言語学的な知識とを身につけていた彼は，当時刊行されつつあったドイツ中世後期の様々な分野の史料を援用しながら，そこから身体運動に関する事実を発掘すると同時に，それまで知られていなかった身体運動に関する様々な史料の紹介にも努めて

いる。この点では，ヴァスマンスドルフは正にドイツ近代歴史学の成立期
にある研究者の一人であった。

　ノイエンドルフのように，ヴァスマンスドルフの歴史研究における実証
主義的な態度を批判することは容易である。しかし，歴史研究の第一歩が
常に史料に基づく歴史的事実の実証にあることを考慮するならば，彼が残
したドイツ中世後期の身体運動の歴史に関する業績は，再評価されてしか
るべきであろう。

注

1) 本章は次の拙稿に加筆修正を加えたものである。K.ヴァスマンスドルフ（1820-1906）
　のドイツ中・近世スポーツ史研究, 広島大学総合科学部紀要 VI 保健体育学研究, 第
　9 巻（1991 年）, 25-35 頁。Karl Wassmannsdorffs Beiträge zur Geschichte der Lei-
　besübungen des Mittelalters und der frühen Neuzeit. In: Krüger, A. und B. Wede-
　meyer (Hg.), Aus Biographien Sportgeschichte lernen.Festschrift zum 90. Geburts-
　tag von Prof. Dr. Wilhelm Henze. Hoya 2000, S. 104-115. この二つの論文とも，ヴァ
　スマンスドルフの生年を「1820 年」としているが，これは「1821 年」の誤りであ
　り，訂正をお願いしたい。「バイエルン科学アカデミー歴史委員会」による「ドイ
　ツの伝記」における「Wassmannsdorff, Karl」を参照されたい。URL: https://
　www.deutsche-biographie.de/sfzW1846.html#indexcontent.(2022.6.5.)「ドイツの伝
　記」については，第 2 章の注 10) を参照されたい。なお，本節では，本訳書の
　「はじめに」で言及しているように，「スポーツ」という概念は，「身体運動」と同義
　に使用されている。

2) ドイツの中世後期におけるスポーツに関する先行研究については，次の拙稿と拙著を
　参照されたい。拙稿，ドイツ中世スポーツ史研究の課題，山口大学教育学部　研究
　論叢，第 30 巻（1980）第 3 部，127-142 頁。拙著，ドイツ中世スポーツ史研究入
　門，渓水社，2013 年，特に第 4 章（147-203 頁）。

3) Budik, P. A., Ursprung, Ausbildung, Abnahme und Verfall des Turniers. Wien 1836;
　Niedner, F., Das deutsche Turnier im XII. und XIII. Jahrhundert. Berlin 1881;
　Schultz, A., Das höfische Leben zur Zeit Minnesinger. Bd. 2. Osnabrück 1965(1889),
　S. 106-150; Hendel, J. C., Archiv für deutsche Schützengesellschaften. 3 Bde, Halle
　1801-02; Freytag, G., Bilder aus der deutschen Vergangenheit. Leipzig 1867; Edel-
　mann, A., Schützenwesen und Schützenfeste der deutschen Städte vom 13. bis zum
　18. Jahrhundert. München 1890; Hergsell, G., Die Fechtkunst im XV. und XVI.
　Jahrhundert. Prag 1896.

4) Baron, C. M., Geschichte der Leibesübungen. Limbach 1865; Angerstein, E. F., Grundzüge der Geschichte und Entwicklung der Leibesübungen. Wien/Leipzig 18 97; Euler, C., Geschichte des Turnunterrichts. Gotha 1881; Brendicke, H., Grundriss zur Geschichte der Leibesübungen. Käthen 1882; Iselin, F., Geschichte der Leibesübungen. Leipzig 1886.

5) Lange, F. A., Die Leibesübungen. Eine Darstellung des Werdens der Turnkunst in ihrer pädagogischen und kulturhistorischen Bedeutung. Gotha 1863.

6) Bintz, J., Die Leibesübungen des Mittelalters. Guetersloh 1880. ヴァスマンスドルフはこの著作の書評を行っている。Wassmannsdorff, K., Dr. Jul. Bintz: Die Leibesübungen des Mittelalters. Guetersloh, C. Bertelsman 1880. S.VI. und 193. In: Jahrbücher der deutschen Turnkunst, 1880, S. 128-133.

7) Meyer, W. L., Die leibliche Leistungen der Ritter im Mittelalter. In: Deutsche Turn-Zeitung, 1866, S. 162-164; Pawel, J., Die leibliche Ergötzlichkeiten der Bauern und Bürger im Mittelalter. In: Deutsche Turn-Zeitung, 1891, S. 211-213, 229-231; Krampe, W., Leibesübungen und Jugendspiele in deutschen Schulen früherer Jahrhunderte. In: Deutsche Turn-Zeitung, 1891, S. 527 ff.; Lion, J. C., Das Ringen im Grübelein. In: Deutsche Turn-Zeitung, 1861, S. 135-137.; Maßmann, H.F., Fabian von Auerswald. In: Deutsche Turn-Zeitung, 1861, S. 159.

8) 岸野雄三，体育史，大修館書店，1973 年，132 頁。なお，ヴァスマンスドルフ以後のドイツ中世スポーツ史研究については，上述の拙著の「第 4 章　ドイツ中世スポーツ史研究の歴史」（特に 154-184 頁）を参照されたい。

9) M(eier), G., Doktor Karl Wassmannsdorff. Zu seinem 70. Geburtstage. In: Jahrbücher der deutschen Turnkunst, 1891, S. 129-134; Bötcher, A. M., Dr. Karl Wassmannsdorff. Zu seinem achtzigsten Geburtstage. In: Deutsche Turn-Zeitung, 19 01, S. 303-306; Bötcher, A. M., Dr. Karl Wassmannsdorff. In: Deutsche Turn-Zeitung, 1906, S. 631-633; Neuendorff, E., Dr. Karl Wassmannsdorff. In: Monatsschrift für das Turnwesen, 1906, S. 289-294; Euler, C., Dr. Karl Wassmannsdorff. In: Monatsschrift für das Turnwesen, 1886, S. 89-97.

10) Jahn, F. L. & E. Eiselen, Die deutsche Turnkunst zur Einrichtung der Turnplätze. Berlin 1816.

11) GutsMuths, J. C., Gymnastik für die Jugend. Schnepfenthal 1793; Vieth, A., Encyklopädie der Leibesübungen. Berlin 1794/95; Lübeck, W., Lehr- und Handbuch der deutschen Turnkunst. Frankfurt a. M. 1843.

12) Bötcher, Ibid., S. 632.

13) Spieß, A., Die Lehre der Turnkunst. Bd.4. Das Turnen in den Gemeinübungen.

Basel 1846; Böttcher, Ibid., S. 632. A.シュピースの「体育論」に関しては，第 2 章
の注 2）において挙げた成田の著作と，次の拙稿を参照されたい。「運動の『要素化』
と『鋳型化』　シュピース」。岸野雄三ほか，体育・スポーツ人物思想史，不昧堂出
版，1979 年，307-348 頁。

14) Wassmannsdorff, K., Würdigung der Spieß'schen Turnlehre. Basel 1845.

15) 楠戸一彦，スポーツ史資料：K.ヴァスマンスドルフ(1820-1906)の文献目録，広島大
学総合科学部紀要 VI 保健体育学研究，第 9 巻（1991 年），35-51 頁。（「1820」を
「1821」に訂正されたい。）

16) ドイツにおける学校体育と社会体育（クラブ体育）の成立に関しては，注 13)で言及
した成田の著作を参照されたい。

17) 松尾順一，ドイツ体操祭と国民統合　近代ドイツにおける全国体操祭に関する史的研
究（1860～1880），創文企画，2010 年。ユリウス・ボフス著，稲垣正浩訳，入門スポー
ツ史，大修館書店，1988 年，127-136 頁。

18) Wassmannsdorff, K., Die Ordnungsübungen des deutschen Schulturnens. Mit
einem Anhange: Die griechisch-makedonische Elementartaktik und das Pilum-
werfen auf den deutschen Schulturnen. Frankfurt a. M. 1868.

19) Böttcher, Ibid., S. 632. Wassmannsdorff, K., Reigen und Liederreigen für das Schul-
turnen aus dem Nachlasse von Adolf Spieß. Mit einer Einleitung erklärenden An-
merkungen und Liedern . Frankfurt a. M. 1869.

20) Wassmannsdorff, K., Zur Geschichte der Erfindung und des Erstgebrauches der
Turngeräthe. In: Deutsche Turn-Zeitung, 1875, S.273-277, 294-298, 305-207, 313-
318; 1876, S. 33-36, 49-52, 65-69, 73-76, 89-90.

21) Wassmannsdorff, K., Turnen und Fechten in früheren Jahrhunderten. Aufsätzen zur
Geschichte der deutschen Leibesübungena aus der Festzeitung für das siebente
deutsche Turnfest München 1889. Heidelberg 1890. S. IX.

22) Wassmannsdorf, K., Ibid., S. XI.

23) Wassmannsdorff, K., Vorschläge zur Einheit in der Kunstsprache des deutschen
Turnens. Mit einem Plane des Turnplatzes in der Hasenheide v. H. 1818 und des
Spieß'schen Turnplatzes zu Burgdorf. Berlin 1861.

24) Wassmannsdorff, K., Kloss, M.: Das Hantelbüchelein, Leipzig, Weber, 1858. In:
Neue Jahrbücher für die Turnkunst, 1858, S. 326-335.

25) Wassmannsdorff, K., Zur Belehrung über die Bedeutung und die Geschichte des
Turnwortes der Hantel. Plauen i./V. 1877; Ders., Zur Hantelfrieden innerhalb der
deutschen Turnerschaft auf der Grundlagen des Denkens und der Wissenfreud-
schaft. Heidelberg 1882; Ders., Die Sprache und die Turngerätbezeichnung „Han-

tel". Eine Auseinandersetzung. Heidelberg 1883.

26) Böttcher, A. M., Dr. Karl Wassmannsdorff. Zu seinem achtzigsten Geburtstage. In: Deutsche Turn-Zeitung, 1901, S. 305.

27) Böttcher, A. M., Ibid., S. 305.

28) Wassmannsdorff, K., Deutsches Schulturnen vor Basedow, oder: Die Turnübungen der beiden ältesten deutschen Adelsschulen. In: Deutsche Turn-Zeitung, 1870, S. 35-36.

29) Wassmannsdorff, K., Turnerische Bildung Bayerischer Fürsten, besonders des Herzogs Christoph von Bayern. In: Deutsche Turn-Zeitung, 1875, S. 177; Ders., Aus dem Turn- und Jugendleben in Schnepfenthal unter GutsMuths, von 1787-1839. In: Jahrbücher der deutschen Turnkunst, 1884, S. 233.

30) Wasssmannsdorff, K., Die Turnübungen in den Philanthropinen zu Dessau, Marschlins, Heidesheim und Schnepfenthal. Heidelberg 1870.

31) 古代ギリシャに関する論文については，次の拙稿を参照されたい。スポーツ史資料：K.ヴァスマンスドルフ（1820-1906）の文献目録，広島大学総合科学部紀要 VI　保健体育学研究，第 9 巻（1991 年），37-51 頁。(「1820」を「1821」に訂正されたい。) ここでは，次の論文だけを挙げておく。Wassmannsdorff, K., Ueber die Einführung der griechische-makedonischen Elementar-Taktik in den Turnunterricht der Gymnasien. In: Neue Jahrbücher für die Turnkunst, 1865, S. 247-249.

32) 前注の拙稿を参照されたい。ここでは，次の論文だけを挙げておく。Wassmannsdorff, K., Deutsche und armenische Jugend= und Turnspiele. In: Deutsche Turn-Zeitung, 1866, S.113-115; Ders., Der nubische Wurfstock und das Wurfbrett der Eskimo's. In: Deutsche Turn-Zeitung, 1870, S. 45-46; Ders, Deutsche und englischer Dreisprung, und englische Wörter in deutschen Turnschriften. In: Deutsche Turn-Zeitung, 1899, S. 989-991; Ders, Die „gymnastic crown", ein amerikanisches Turngerät. In: Monatsschrift für das Turnwesen, 1885, S. 70 ff.; Ders., Das neue Soldatenturnen in Frankreich seit 1877. In: Deutsche Turn-Zeitung, 1881, S. 477-480.

33) Neuendorff, E., Dr. Karl Wassmannsdorff. In: Monatsschrift für das Turnwesen, 1906, S. 291 und 294.

おわりに

　筆者がドイツ中世後期のスポーツ史の研究を始めたのは，50 年近く前の大学院博士課程に在籍していた頃であった。当時は，ドイツ中世スポーツ史に関して日本語で読める入門書は皆無であり，E.ノイエンドルフやK.C.ヴィルトらによるドイツ語の体育史を辞書片手に読みながら，先行研究の文献目録を作成することから研究を始めた。先行研究の入手に関して，これまで繰り返し言及したことであるが，1970 年代後半にウイーン大学に留学されていた故・木村真知子先生（奈良教育大学名誉教授）には，日本では入手しえない論文の複写（マイクロフィッシュ）を送っていただいた。先行研究の整理の中で確認しえた一次史料に基づく研究に取りかかったのは，山口大学に就職して暫く経ってからであった。その後の研究における成果の一つが，研究を始めてから約 20 年後の 1997 年 2 月に奈良女子大学より得た博士学位（学術）のための論文「ドイツ中世後期の帝国都市アウグスブルクにおける『公開射撃大会』に関する研究」である。

　さて，「はじめに」でも言及したことであるが，K.ヴァスマンスドルフの研究は，150 年後の今日においても，ドイツ中世後期におけるスポーツ史の研究に関する最も重要な先行研究である。このため，彼の著作と論文を日本語に訳出することによって，ドイツ中世後期のスポーツに関する入門的な概説書とすることを構想し始めたのは，手元のメモによれば 1999 年 1 月である。それ以来，150 年前の論文を訳出する必要があるのだろうか，いやドイツ中世後期のスポーツ史を学ぼうとする初学者には必読の論文であるから翻訳すべきだ，などと思い戸惑いながら，すこしずつ翻訳を進めてきた。そうした中で，21 世紀に入ってから欧米において「ヨーロッパ中世の剣術」を実践的に練習する人々が剣術クラブを創設している，ということを知った。しかも，剣術クラブの主催者によるヨーロッパ中世の剣術写本に関する研究との関連で，ヴァスマンスドルフの研究が見直されていることに気づいた。また，ヴァスマンスドルフの剣術写本と剣術興行あるいはデューラーの剣術書に関する著作，あるいは学校体育に関する

著作が復刻されていることにも気づかされた。さらに，21 世紀に入ってから，「武術」（Martial Arts）に関する学術的な研究団体が創設されるようになった。このような状況を横目に見ながら，改めてヴァスマンスドルフの論文の日本語訳をすすめ，ようやく一冊の図書として上梓する段階にたどり着くことができた。

　ところで，今日では，インターネットによる文献の検索は歴史研究においても不可欠な手段となっている。ヴァスマンスドルフが言及したスポーツ史に関連する史料と参考文献の中には，インターネット検索を通じてその所在を確認し，場合によっては PDF ファイルによる複写を「無料」で入手することが可能なものもある。また，ヴァスマンスドルフが論文を発表していた当時の体育雑誌（「ドイツ体育年鑑」「新体育年鑑」「ドイツ体育新聞」「体育制度月報」など）は，マイクロフィルムによる複写が日本の大学にも所蔵されている。このように，今日ではドイツ中世後期のスポーツ史に関する先行研究と史料の入手は，50 年前と比較すると格段に容易になっている。

　古希を過ぎ，あと一年余で喜寿を迎える歳になった。それでも，ドイツ中世後期のスポーツ史に関する調査を中断することなく，次の成果発表に向けて努力を続けていきたい。

　最後になったが，本書の出版に当たって（株）渓水社の木村斉子さんには大変お世話になった。ここにお名前を記して，深謝の意を表したい。

令和 4（2022）年 5 月

楠戸　一彦

本 訳 書 の 出 典

第1章　ドイツの騎士と市民と農民の身体運動
　本章は雑誌「新体育年鑑」における次の論文を訳出した。
・Leibesübungen der deutschen Ritter, des Bürger- und Bauernstandes im 15. und 16. Jahrhundert. In: Neue Jahrbücher für die Turnkunst, 1879, S. 153-160, 193-200.

第2章　ヴィッテルスバッハ家出身の君主の身体運動
　本章は次の著作の最初の論考（「ヴィッテルスバッハ家出身のプファルツ選帝侯とバイエルン公の体育運動」）を訳出した。
・Turnübungen kurpfälzischer und bayerischer Fürsten aus dem Hause der Wittelsbacher. In: Turnen und Fechten in früheren Jahrhunderten. Aufsätze zur Geschichte der deutschen Leibesübungen aus der Festzeitung für das siebente deutsche Turnfest München 1889. Heidelberg 1890, S. 1-9.
・本書は次のような内容から構成されている。
　序言（V 頁）
　体育者の標語（VI 頁）
　愛国歌（VI 頁）
　正しく年を取る手段（VII 頁）
　体育言語の罪一警告－（IX 頁）
　ヴィッテルスバッハ家出身のプファルツ選帝侯とバイエルン公の体育運動（1-9 頁）
　近世の珍しい体育運動（壁走り，棒投げ，綱引き，穴の中の格闘）（10-20 頁）（本訳書の第7章）
　1611 年の M.フントの剣術書からの風俗史上の特徴（21-39 頁）

第3章　マルクス兄弟と羽剣士の6つの剣術興行
　本書は次の著作の序言と序論を訳出した。
・Sechs Fechtschulen d. i. Schau= und Preisfechten der Marxbrüder und Federfechter aus den Jahren 1573 bis 1614; Nürnberger Fechtschulreime v. J. 1579 und Rösener's Gedicht: Ehrentitel und Lobspruch der Fechtkunst v. J. 1589. Eine Vorarbeit zu einer Geschichte der Marxbrüder und Federfechter. Heidelberg 1870, S. V-VII, 1-11.
・本書は次のような内容から構成されている。

序言（V-VII 頁）

序論（1-11 頁）

I. マルクス兄弟と羽剣士の剣術興行のオリジナル記述（12-31 頁）

 1) 1573 年のツヴィッカウの剣術興行（12-16 頁）

 2) 1575 年のシュツットガルトの剣術興行（16-23 頁）

 3) 1583 年のトロッパウの剣術興行（24-26 頁）

 4) 1585 年のデュッセルドルフ剣術興行（26-29 頁）

 5) 1596 年のシュツットガルトの剣術興行（30 頁）

 6) 1614 年のドレスデンの剣術興行（30-31 頁）

II. 1579 年のニュルンベルクの剣術興行賛歌（32-45 頁）

III. 1589 年のレーゼナーの『剣士の術の賛歌』（46-58 頁）

第 4 章　道化師フレクセルによるハイデルベルク弩射撃大会（1554）の詩

本章は次の著作の序言と序論を訳出した。

・Des Pritschenmeisters Lienhard Flexel's Reimspruch über das Heidelberger Arm-
brustschießen des Jahres 1554. Bei Gelegenheit der 500 jährigen Jubelfeier der
Universität Heidelberg. Heidelberg 1886, S. V-XX.

・本書は次のような内容から構成されている。

序言（V-VII 頁）

序論（VIII-XX 頁）

1554 年聖ウルスラの日（10 月 21 日）にハイデルベルクで告示された弩射撃大会に
関するリーンハルト・フレクセルの脚韻詩（1-22 頁）

注と補足説明（23-36 頁）

1566 年のハイデルベルクの射手状（37-42 頁）

第 5 章　A.デューラーによる格闘術

本章は次の著作の序言を訳出した。

・Die Ringkunst des deutschen Mittelalters mit 119 Ringerpaaren von Albrecht Dürer.
Aus den deutschen Fechthandschriften zum ersten Male. Leipzig 1870, S. I-XXII.

・本書は次のような内容から構成されている。

序言（I-XXII 頁）

I. 15 世紀のヴァーレルシュタイン写本（W. I）における格闘教示。A.デューラーの
119 の格闘組を含む（3-136 頁）

II. 15 世紀の写本（W. II）におけるユダヤ人オット師範による格闘術（137-156 頁）

III. ゲルマン博物館の 14 世紀の写本における J.リーヒテナウエルによる格闘（157-

162 頁）

IV．15 世紀のドレスデンの剣術写本における格闘（163-176 頁）

V．15 世紀のミュンヘン写本における武器のない剣術と格闘（177-182 頁）

VI．私が所蔵する 16 世紀の写本における格闘（183-193 頁）

VII．16 世紀のバーゼル写本における A.リーグニッツによる格闘（195-202 頁）

第 6 章　N.ヴィンマンの水泳教本

本章は次の著作の序言と「ヴィンマンのコリンベーテスの内容」を訳出した。

・Nicol. Wynmanni Colymbetes, sive de arte natandi dialogus. Das erste Schwimm-
buch der Welt. Neu herausgegeben und mit Anmerkungen versehen von Dr. Karl
Wassmannsdorff. Heidelberg 1889, S. III-XXXVII.

・本書は次のような内容から構成されている。

序言（III-XXX 頁）

ヴィンマンのコリンベーテスの内容（XXXI-XXXVII 頁）

ヴィンマンの対話（1-120 頁）

注（121-149 頁）

正誤表（150 頁）

第 7 章　珍しい身体運動

本章は第 2 章で取り上げた著作における「近世の珍しい体育運動」の翻訳である。

・Seltnere Turnübungen früherer Zeiten. das Wandlaufen, das Stangenschieben, die
Strebkatze ziehen, das Ringen in Grüblein. In: Turnen und Fechten in früheren
Jahrhunderten. Aufsätze zur Geschichte der deutschen Leibesübungen aus der
Festzeitung für das siebente deutsche Turnfest München 1889. Heidelberg 1890,
S. 10-20.

第 8 章　K.ヴァスマンスドルフのドイツ中世後期のスポーツ史研究

本章は次の拙稿の加筆修正である。

・K.ヴァスマンスドルフ（1820-1906）のドイツ中・近世スポーツ史研究。広島大学総
合科学部紀要 VI　保健体育学研究，第 9 巻（1991 年），25-35 頁。（「1820」を
「1821」に訂正されたい。）

・Karl Wassmannsdorffs Beiträge zur Geschichte der Leibesübungen des Mittelalters und
der frühen Neuzeit. In: Krüger, A. und B. Wedemeyer (Hg.), Aus Biographien Sportge-
schichte lernen. Festschrift zum 90. Geburtstag von Prof. Dr. Wilhelm Henze. Hoya
2000, S. 104-115.

図 の 出 典

表紙　チューリッヒの銃射撃大会（1504年）
・Vögelin, A. S., Das Freischießen von 1504. In: Neujahrblatt der Stadtbibliothek in Zürich, 1867, S. 1-9, hier ohne Seiten.

図1　市民の石投げ・走・剣術・格闘
・Wassmannsdorff, K. (Hg.), Turnen und Fechten in frühen Jahrhunderten. Aufsätze zur Geschichte der deutschen Leibesübungen aus der Festzeitung für das Siebente deutsche Turnfest München 1889. Heidelberg 1890, S. 14.

図2　ミュンヘンでのトーナメント（1500年）
・Dietrich, E., (Hg.), Deutsches Leben der Vergangenheit in Bildern: ein Atlas mit 1760 Nachbildung alter Kupfer= und Holzschnitte aus dem 15ten - 18ten Jahrhundert. Bd. 2, Jena 1908, S. 212.

図3　J.マイヤーの剣術興行
・Neuendorff, E., Geschichte der neueren deutschen Leibesübung von Beginn des 18. Jahrhunderts bis zur Gegenwart. Bd. I, Dresden 1930, S. 61.

図4　チューリッヒの弩射撃大会（1504年）
・Vögelin, A. S., Das Freischießen von 1504. In: Neujahrblatt der Stadtbibliothek in Zürich, 1867, S. 1-9, hier ohne Seiten.

図5　A.デューラーの格闘
・Wassmannsdorff, K., Die Ringkunst des deutschen Mittelalters mit 119 Ringerpaaren von Albrecht Dürer. Leipzig 1870. 表紙頁。

図6　水泳補助具
・Wassmannsdorff, K., Eine Schwimm=Denkschrift aus dem siebzehenten Jahrhundert an den Kaiser Leipold; die erste Denkschrift in Sachen der Leibesübungen an einen deutschen Fürsten. In: Deutsche Turn-Zeitung, 1883, S. 354-357, 370-371, hier S. 356.

図7 袋への押し込み

・Wassmannsdorff, K. (Hg.), Turnen und Fechten in früheren Jahrhunderten. Heidelberg 1890, S. 19.

図8 棒投げと石投げ

・Wassmannsdorff, K. (Hg.), Turnen und Fechten in früheren Jahrhunderten. Heidelberg 1890, S. 13.

図9 布の引っ張り合い

・Wassmannsdorff, K. (Hg.), Turnen und Fechten in früheren Jahrhunderten. Heidelberg 1890, S. 17.

図10 K.ヴァスマンスドルフ（1821-1906）

・Schröer, H., Wassmannsdorff, Karl. In: Loos, L. (Hg.), Enzyklopädisches Handbuch der Erziehungskunde. Bd. 2, Wien/Leipzig 1908, S. 989-990, hier S. 989.

参考文献

・参考文献の所在確認に関しては，下記のウエブサイトが便利である。
　「WorldCat」（URL: https://www.worldcat.org/）
・ドイツ語による史料と参考文献の内容確認に関しては，下記のウエブサイトが便利
　である。
　「Deutsche Digitale Bibliothek」（URL: https://www.deutsche-digitale-bibliothek.de/）
・剣術関係の史料の所在と内容の確認に関しては，「ヨーロッパ武術史」（History of
　European Martial Arts, HEMA）に関するインターネット百科事典である「ウイ
　キテナウエル」が便利である。
　「Wikitenauer」（URL: https://wiktenauer.com/wiki/Main_Page）
・「グーグル検索」によっても，史料や文献の内容確認が可能である。
　「Google」（URL: https://www.google.co.jp/）
・いずれのウエブサイトも，2022 年 4 月 10 日に確認した。

史料

Annales academiae Heidelbergensis. Heidelberg 1590-1619. In: Universitätsbibliothek Heidelberg, Cod. Pal. lat. 1854.

Anonym, Fechtlehre. In: Sächsische Landesbibliothek － Staats- und Universitätsbibliothek Dresden, Mscr. Dresd. C. 487.

Auerswald, F. von, Ringer Kunst. Fünff und achtzig Stücken zu ehren Kurfürstlichen Gnaden zu Sachssen etc. 1539. In: Österreichische Nationalbibliothek, Wien, MF 1755 NEU MIK.

Beheim, M., Pfälzische Reimchronik. Heidelberg, 1471/1474. In: Universitätsbibliothek Heidelberg, Cod. Pal. Germ. 335.

Danzig, P. von, Fechtbuch. In: Biblioteca dell'Academia Nazionale dei Lincei e Corsiniana, Roma，Cod. 44. A. 8.

Dürer, A., οπλοδιδασκαλια siue armorum tractandorum Alberti Dureri Anno 1512. In: Albertina, Graphische Sammlung, Wien, Hs. 26-232.

Dürer, A., Fechtbuch. 1512. In: Albertina, Graphische Sammlung, Wien，Inv. Nr. 26232.

Edlbeck, B., Ordentliche und Gründtliche Beschreibungen des grossen schiessens mit dem Stahl oder Armbrust in Zwickau. Dresden 1574.

Erhart, G., Fechtbuch. In: Glasgow Museum, R. L. Scott Collection, Glasgow, E. 1939.

65. 354.

Erthel, U., Beschreibung des Stuttgart Schiessens vom Jahre 1560. In: Universitäts- und Forschungsbibliothek Erfurt/Gotha, Chart. A 582.

Eyb, L. von, Turnierbuch. Um 1525. In: Bayerische Staatsbibliothek, München, Cgm 961.

Fechtergesellschaft: Akten des Rates und Akten der Gesellschaft. Institut für Stadtgeschichte, Frankfurt a. M. 1) Akten der Gesellschaft, Rep. 168, 2) Akten des Rates, Rep. 7 Uglb 69.

File: Heidelberg-Panorama von Matthaeus Merian 1620.jpg. URL: https://commons.Wikimedia.org/wiki/File:Heidelberg-Panorama_von_Matthaeus_Merian_1620.jpg. (2020.12.21.)

Fischart, J., Affentheuerliche und ungeheuerliche Geschichtklitterung vom Leben, Rhaten vnd Thaten der Helden Grandgusier, Gorgantoa vnd Pantagruel. Straßburg 1575.

Flexel, L., Reimspruch auf das Büchsenschießen in Passau 1555. In: Universitätsbibliothek Heidelberg, Cod. Pal. Germ. 686.

Flexel, L., Beschreibung des großen Herrnschießen zu Ulm 1556. In: Staats- und Stadtbibliothek, Augsburg, 4 Cod 283.

Flexel, L., Reimspruch auf das Armbrustschießen in Stuttgart 1560. In: Universitätbibliothek Heidelberg. Cod. Pal. Germ. 325.

Flexel, L., Beschreibung des Freischiessens zu Wien. 1563. In: Österreichische Nationalbibliothek, Wien, Cod 7632.

Flexel, Lienhart und Valentin Flexel, Reimspruch auf das Armbrust- und Büchsenschiessen in Worms 1575. In: Universitätsbibliothek Heidelberg, Cod. Pal. Germ. 405.

Flexel, L., Lobspruch des Großen Schießens zu München anno 1577 von Lienhard und Valentin Flexel, bearbeitet von H. Stahleder. München 2006. (Faksimile der Ausgabe 1580).

Freidank, Sprüche; Heidelberger Liederhandschrift. In: Universitätsbibliothek Heidelberg, Cod. Pal. Germ. 349.

Füetrer, U., Ulrich Füetrers Bayerische Chronik. 1496. In: Bayerische Staatsbibliothek, München, Cgm 43.

Gumpelzhaimer, G., Gymnasma. De exercitiis Academicorum. Argentinae 1652. In: Bayerische Staatsbibliothek, München, Paed.th. 1775.

Günterrode, H. von, De veris principiis artis dimicatoriae. Witebergae 1579. In: Bayerische Staatsbibliothek, München, 4 Diss. 136.

Heberer, M., Aegyptiaca Servitvs. Das ist Warhafte Beschreibung einer dreyjährigen Dienstbarkeit. Heidelberg 1610.

Hubertus, T. L., Annalivm de vita et rebvs gestis illvstrissimi principis, Friderici II. Electoris Palatini. libri XIV. Frankfurt a.M. 1624. In: Bayerische Staatsbibliothek, München, Res/4 Bavar. 1819a.

Hyde, T., Catalogus impressorum librorum Bibliothecae Bodlejanae in Academia Oxoniensi. Oxford 1674. In: Staats- und Stadtbibliothek, Augsburg, 2 Lw 30.

Kal, P., Fechtbuch, gewidmet dem Pfalzgrafen Ludwig. In: Bayerische Staatsbibliothek, München, Cgm 1507.

Kirchhof, H. W., Wendvnmuth: Darinnen fünffhundert vnnd fünffzig höflicher züchtiger vnd lustiger Historien Schimpffreden vnd Gleichnissen begriffen Franckfurt a. M. 15 63. In: Bayerische Staatsbibliothek, München, L. eleg. m. 463.

Lecküchner, H., Kunst des Messerfechtens. In: Universitätsbibliothek Heidelberg, Cod. Pal. Germ. 430.

Lecküchner, H., Kunst des Messerfechtens. In: Bayerische Staatsbibliothek, München, Cgm 582.

Lecküchner, H., Der Altenn Fechter anfengliche Kunst. Mit sampt verborgenen heymlicheytten Kämpffens Ringens Werfens etc. In: Bayerische Staatsbibiothek, München, Res / 4 Gmn. 26#Beibd. 3.

Liechtenauer, J., Fechthandschrift. 1389. In: Germanisches Nationalmuseum, Nürnberg, Hs. 3227a.

Magnus, O., Historia de Gentibvs Septentrionalibvs. Rom 1555.

Mair, P. H., Fecht-, Ring- und Turnierbuch. In: Sächsische Landesbibliothek — Staats- und Universitätsbibliothek Dresden, Mscr. Dresd. C. 93/94.

Mair, P. H., Opus amplissimum de arte athletica nec non tourneamentorum quaevocantur eque strium. In: Österreichische Nationalbibliothek, Wien, Cod. Vindob. 10825.

Mair, P. H., Beschreibung Ettlicher Fürnemer Stahel vnd Püchsen Schiessen. In: Herzog-August-Bibliothek Wolfenbüttel, Cod-Guelf. 1. 2. 1 Aug. 2°.

Meyer, J., Gründliche Beschreibung der freyen Ritterlichen vnd Adlichen Kunst des Fechtens in allerley gebreuchlichen Wehren mit schönen vnd nützlichen Figuren gezieret vnnd fürgestellet. Straßburg 1570. In: Staatsbibliothek Preußischer Kulturbesitz, Berlin, Os 78 65.

Münster, S., Cosmographei oder beschreibung aller länder, herschafften, fürnemsten stetten, geschichten, gebräuchen, hantierwungen etc. Basel 1550. In: Kurpfälzisches Museum, Heidelberg.

Pasche, J. G., Kurze Unterrichtung belangend die pique die Fahne, den Jägerstock, Das

Voltesiren, das Ringen, das Fechten auf den Stoss und Hieb, und endlich das Trincieren verferrigts. Wittenberg 1657.

Paurnfeindt, A., Ergrundung Ritterlicher Kunst der Fechterey. Wien 1516.

Pirkheimer, W., Argvmentorvm Lvdicrorvm et Amoennitatvm Scriptores varii: in gratiam studiosae juventutis collecti et emendati. Lvgdvni Batavorvm 1623. In: Universiteitsbibliotheek Amsterdak.

Ringbuch des getauften Jüdischen Meisters Ott. Universitatsbibliothek Augsburg, Cod. I 6 4º 3.

Ringwaldt, B., Die lauter Warheit. Darinnen angezeiget, Wie sich ein Weltlicher unnd Geistlicher Kriegßmann in seinem beruff verhalten sol; allen Ständen nützlich und zu ietziger Zeit fast nötig zu lesen, itzt von dem Autores auffs newe wider übersehen. 1590. In: Bayerische Staatsbibliothek, München, P. o. germ. 1168 tk.

Rüxner, G., Anfang, vrsprung, vnnd herkommen des Thurnirs in Teutscher nation. Siemern 1530.

Salinator, H. M. Spiegel des Humors Grosser Potentaten. Schleusingen 1628.

Serlin, W., Ein Ehrliches Frey-Kunst und Ritterliches Haupt-Schießen in der Mußquet und Bürscht-Büchse. Frankfurt a. M. 1671.

Speyer, H. von, Fechtbuch. 1491. In: Universitätsbibliothek Salzburg, M. I. 29.

Talhoffer, H., Fechtbuch. In: Universitäts- und Forschungsbibliothek Erfurt/Gotha. Chart. A 558.

Talhoffer, H., Fechtbuch. 1443. (Kopie der Gothaer Handschrift Chart. A 558). In: Bayerische Staatsbibliothek, München, Cod. icon. 395.

Talhoffer, H., Fechtbuch. In: Kunsthistorisches Museum, Wien, Kunstkammer. Nv.-Nr. KK 5342B.

Thévenot, M., L'Art de nager démontré par figures, avec des avis pour se baigner utilement. Paris 1696. In: Bibliothèque nationale de France, RES-V-2595.

Vischer, A., Tractatus duo juris duellici universi quorum prior de duello proviso, postfrior esice de duello improviso. Jenae 1617.

Walther, A. H., Dithmarsische Chronik: darinn nebenst der Landes Beschreibung die Geschichte, So sich vor erlangeter, bey gehabter und nach verlohrener Freyheit des Dithmarscher Landes begeben. 3 Bücher. Schleßwig 1683.

Werlich, E., Chronica der weitberümpten Keyserlichen Freyen vnd des H. Reichs Statt Augsburg in Schwaben. 3 Teile. Frankfurt a. M. 1595.

Wilhalm, J., Fechtbuch. In: Bayerische Staatsbibiothek, München, Cgm 3711, 3712.

Wynmann, N., Hercvlis cvm Antaeo Pvtnae Allegorica Ac Pia Interpretatio, Christiano militi non minus utilis quam iucunda lectu, autore Nicolao Wuinmanno, linguarum Ingolstadij publico lectore. Norimbergae 1537. In: Bayerische Staatsbibliothek, München, 4 A. gr. b. 579#Beibd.2.

Wynmann, N., Colymbetes, sive de arte natandi: dialogus et festivus et iucundus lectu. Steyner 1538. In: Bayerische Staatsbibliothek, München, A. lat. b. 2137# Beibd.1; Leiden University Libraries, Closed Stack 5 652 G 21: 3; Herzog August Bibliothek Wolfenbüttel, Microfiche 1518: F2589-F2590.

Zerklaere, T. von, Der welsche Gast. In: Universitätsbibiothek Heidelberg, Cod. Pal. Germ. 320.

辞書など

Baer, W. et al., Augsburger Stadtlexikon. Geschichte, Gesellschaft, Kultur, Recht, Wirtschaft. Augsburg 1985.

Beckmanns Sport Lexikon A-Z. Leipzig/Wien 1933.

Deutsches Wörterbuch von Jacob und Wilhelm Grimm. Bd. 1, München 1984 (1854); Bd. 3, München 1984(1862).

Frisch, J. L. (Hg.), Teutsch-Lateinisches Wörter-Buch. Bd. 1, Berlin 1741.

Grotefend, H., Taschenbuch der Zeitrechnung. Hannover 1991[13].

Loos, J. (Hg.), Enzyklopädisches Handbuch der Erziehungskunde. Bd. 2, Wien/Leipzig 1908

Meyers Taschen-Lexikon Geschichte, Bd. 2, 6, Mannheim/Wien/Zürich 1989.

Röthis/Prohl u. a. (Hg.), Sportwissenschaftliches Lexikon. Schorndorf 2003[7].

Verdenhalven, F., Alte Maß, Münzen und Gewichte aus dem deutschen Sprachgebiet. Neustadt a. d. A. 1968.

Zedler. J. H., Grosses vollständiges Universal-Lexikon: welche bißhero durch menschlichen Verstand und Witz erfunden und verbessert worden. Halle/Leipzig 1732-1754.

今村嘉雄・宮畑虎彦，新修体育大辞典，不昧堂出版，1976年。

新村出（編），広辞苑　第7版，岩波書店，2018年。

参考文献

・K.ヴァスマンスドルフのドイツ中世後期の身体運動に関する論稿は，第8章の目録を参照されたい。

A., Ueber Fechtspiele und Fechtschulen in Deutschland. In: Büsching, J. G., Wöchentliche Nachrichte für Freunde der Geschichte, Kunst und Gelahrheit des Mittelalters, Bd. 3, Breslau 1817, S. 305-335.

Adam, J. A., Augsburg und seine Stahlschießen. Ein geschichtliches Fragment. Augsburg 1824.

Amoros, F., Manuel d'éducation physique, gymnastique et morale. Paris 1830.

Angerstein, E., Grundzüe der Geschichte und Entwicklung der Leibesübungen. Wien/Leipzig 1897.

Anonym, Handschriften von A. Dürer im britischen Museum. In: Anzeiger für Kunde der Deutschen Vorzeit, 1859, S. 10-13.

Auerswald, J. E. von (Hg.), Exercitationes academicae de veterum arte luctandi. Wittemberga 1720.

Baader, J., Ordnung der Federfechter zu Prag. In: Anzeiger für Kunde der deutschen Vorzeit, N. F. Bd. 12, 1865, S. 461-464.

Baron, C. M., Geschichte der Leibesübungen. Limbach 1865.

Bartsch, K., Mitteldeutsche Gedichte. In: Bibliothek des Literarischen Vereins in Stuttgart, Bd. 53, Stuttgart 1860.

Bintz, J., Die Leibesübungen des Mittelalters. Gurfersloh 1880.

Böttcher, A. M., Dr. Karl Wassmannsdorff. Zu seinem achtzigsten Geburtstag. In: Deutsche Turn-Zeitung, 1901, S. 303-306.

Böttcher, A. M., Dr. Karl Wassmannsdorff. In: Deutsche Turn-Zeitung, 1906, S. 631-633.

Brendicke, H., Grundriss zur Geschichte der Leibesübungen. Käthen 1882.

Budik, A.P., Ursprung, Ausbildung, Abnahme und Verfall des Turniers. Wien 1836.

Büsching, J. A. B., Ritterzeit und Ritterwesen, 2 Bde., Leipzig 1823.

Camesina, A., Das grosse Freischiessen zu Wien im Jahre 1563. Besungen vom Augsburger-Pritschenmeister Lienhart Flexel. In: Blätter des Vereines für Landeskunde für Niederösterreich, N. F. 9 Jahrg., 1875, S. 32-36; 10 Jahrg. 1876, S. 101-103.

Camesina, A. R. v. San Vittore (Hg.), Das grosse Herrenschiessen mit der Püchsen in Wien im Jahre 1563. Beschrieben von Lienhart Flexel. Herausgegeben nach dem handschriftlichen Original-Codex der k. k. Hofbibliothek. Wien 1880.

Campe, F., Reliquien von Albrecht Dürer. Nürnberg 1828.

Chapelle, J.-B. de La, Traite de la construction theorique et pratique du Scaphandre, ou du Bateau de l'homme. Paris 1775.

Chapelle, J.-B. de La, Herrn de la Chapelle gründliche und vollständige Anweisung wie man das von ihm neu erfundene Schwimmkleid oder den sogenannten Scaphander nach untrüglichen Grundsätzen verfertigen und gebrauchen solle, Warschau/Dresden 1776.

Destouches, E. von, Münchens Schützenwesen und Schützenfeste. Historische Festgabe

zum Siebenten Deutschen Bundesschießen. In: Festzeitung für das siebente deutsche
Bundesschiessen, München 1881, Nr. 5, S. 71-74; Nr. 6, S. 87-90; Nr. 8, S. 127-130; Nr.
9, S. 143-146; Nr. 12, S. 211-214; S. 229-232; Nr. 14, S. 249-252.

Dietrich, E., (Hg.), Deutsches Leben der Vergangenheit in Bildern: ein Atlas mit 1760
Nachbildung alter Kupfer= und Holzschnitte aus dem 15ten - 18ten Jahrhundert.
Bd. 2, Jena 1908.

Dörnhöffer, F., Albrecht Dürers Fechtbuch. In: Jahrbuch der Kunsthistorisches Sammlun-
gen des Allerhöchsten Kaiserhauses, Bd. 27, 1907/09, S. I-XX, XXIV-XXXI.

Doyle, A., Kurtze und deutliche Auslegung der Voltagierkunst. Nürnberg 1720.

Edelmann, A., Schützenwesen und Schützenfeste der deutschen Städte vom 13. bis zum
18. Jahrhundert. München 1890.

Edelmann, A. (Hg.), Lienhard Flexel's Lobspruch des fürstlichen Freischiessens zu Inns-
bruck im Oktober 1569. Innsbruck 1885.

Eisenach, B. B., Neueste Schrift über das Turnwesen von einem Schulmann. In: Ergän-
zungsblätter zur Jenaischen Allgemeinen Literatur-Zeitung, Nr. 12, 1820, S. 92.

Erdmann, J. F. G., Versuch Zu einer umständlichen Historie von öffentlichem Armbrust=
und Büchsen= Schiessen. Leipzig 1737.

Euler, C., Geschichte des Turnunterrichts. Gotha 1881.

Euler, C., Dr. Karl Wassmannsdorff. In: Monatsschrift für das Turnwesen, 1886, S. 89-97.

Eye, A. J. L. von, Leben und Wirken Albrecht Dürer's. Nördlingen 1860.

Freytag, G., Bilder aus der deutschen Vergangenheit. Leipzig, Bd. I, 1867; Bd. II, 1876.

Germanisches Nationalmuseum (Hg.), Mittelalterliches Hausbuch: Bildhandschrift des 15.
Jahrhunderts mit vollständigem Text und facsimilierten Abbildungen. Leipzig 1866.

Gödeke, K. und J. Tittmann (Hg.), Deutsche Dichter des sechzehnten Jahrhunderts. Bd. I,
Leipzig 1867.

Goethe, J. W. von, Hans Sachsens poetische Sendung. In: Johann Wolfgang von Goethe.
Poetische Werke, Bd. 2, Berlin 1960 (1776).

Göttling, C. W., Thüringische Fechterfamilie Kreußler. In: Thüringer Volksfreunde, 1829,
S. 345-347.

Grimm, W. (Hg.), Vridankes Bescheidenheit. Göttingen 1834.

GutsMuths, J. C. F., Gymnastik für die Jugend. Enthaltend eine Praktische Anweisung zu
Leibesübungen. Schnepfenthal 1793.

Hagen, F. H. von, Der Minnesinger. 8 Bde., Leipzig/Berlin 1838-1861.

Halling, J., Johann Fischart's, genannt Mentzer, Glückshaftes Schiff von Zürich. In ei-
nem treuen Abdruck herausgegeben und erläutert durch Karl Halling, und mit ei-

nem einleitenden Beitrage zur Geschichte des Freischießens begleitet von Dr. Ludwig Uhland. Tübingen 1828.

Häusser, L., Geschichte der rheinischen Pfalz nach ihren politischen, kirchlichen und literarischen Verhältnissen. Bd. I, Heidelberg 1856[2].

Hautz J. F., Geschichte der Universität Heidelberg. Nach handschriftlichen Quellen nebst den wichtigsten Urkunden. Bd. 1, Mannheim 1862.

Hendel, J. C., Archiv für deutsche Schützengesellschaften. 3 Bde., Halle 1801-1803.

Hergsell, G. (Hg.), Talhofers Fechtbuch aus dem Jahre 1467. Gerichtliche und andere Zweikämpfe darstellend. Mit 268 Tafeln in Lichtdruck. Prag 1887.

Hergsell, G., Die Fechtkunst im XV. und XVI. Jahrhundert. Prag 1896.

Herzog Christoph der Starke von Bayern sein abenteuerliches Leben, wundersame Waffenthaten, und seliger Tod auf der Insel Rhodus. Für das Volk beschrieben. Burghausen 1860.

Hils, H.-P., Meister Johann Liechtenauers Kunst des langen Schwerts. Frankfurt a. M./Bern/New York 1985.

Hirth, G. (Hg.), Das gesamte Turnwesen. Ein Lesebuch für deutsche Turner. Leipzig 1865.

Huhle, H. und H. Brunck, 500 Jahre Fechtmeister in Deutschland. Frankfurt a. M. 1987.

Iselin, F., Geschichte der Leibesübungen. Leipzig 1886.

Jahn, F. L. und E. Eiselen, Die Deutsche Turnkunst. Berlin 1816.

Kelchner, E., Drei Frankfurter Schützenfeste 1582, 1671, 1707. Frankfurt a. M. 1862.

Keller, A. von (Hg.), Erzählungen aus altdeutschen Handschriften. In: Bibliothek des Literarischen Vereins in Stuttgart, Bd. 35, Stuttgart 1855.

Keller, A. von (Hg.), Fastnachtspiele aus dem fünfzehnten Jahrhundert. In: Bibliothek des Literarischen Vereins in Stuttgart, Bd. 28, Bd. 29, Bd. 30, Stuttgart 1853.

Keller, A. (Hg.), Hans Sachs, Bd. 1, 2, 3, 4, 7, 12, 13. In: Bibliothek des Literarischen Vereins in Stuttgart, Bd. 102, 103, 105, 115, 140, 149, Tübingen 1870.

Klaiber, J., Die Stuttgarter Schützenfeste im 16. Jahrhundert. In: Besondere Beilage des Staats= Anzeigers für Württemberg, 1875, S. 1-8.

Kloss, M., Das Hantelbüchlein. Leipzig 1858.

Krampe, W., Leibesübungen und Jugendspiele in deutschen Schulen früherer Jahrhunderte. In: Deutsche Turn-Zeitung, 1891, S. 527-531, 549-552, 877-881, 895-899; 1892, S. 98-102, 132-135.

Krüger, A., Schwimmen. Der Wandel in der Einstellung zu einer Form der Leibesübungen. In: Krüger, A. und J. McClelland, Die Anfänge des modernen Sports in der Renaissance. London 1984, S. 19-42.

Lange, F. A., Die Leibesübungen. Eine Darstellung des Werdens der Turnkunst in ihrer pädagogischen und kulturhistorischen Bedeutung. Gotha 1863.

Leng, R. (Bearb.), Fecht- und Ringbücher. In: Katalog der deutschsprachigen illustrierten Handschriften des Mittelalters. Bd. 4/2, Lieferung 1/2, 38, München 2008.

Leonhard, C. C. von, Fremdenbuch für Heidelberg und die Umgegend. Bd. 1, Heidelberg 1834.

Leonhart Flechsel's gereimte Beschreibung des Frey- und Herren-Schiessens mit der Armbrust und einem Glückshafen, gehalten zu Worms im Jahr 1575. Festgabe zum ersten deutschen Bundes-Schießen im Juli 1862 in Frankfurt a. M. Worms 1862.

Lion, J. C., Das Ringen im Grüblein. In: Deutsche Turn-Zeitung, 1861, S. 135-137.

Lübeck, W., Lehr- und Handbuch der deutschen Turnkunst. Frankfurt a. d. O. 1865.

Massmann, H. F., Über handschriftliche Fechtbücher. In: Serapeum. Zeitschrift für Bibliothekswissenschaft, Handschriftenkunde und ältere Literatur, 1844, S. 44-45, 49-60.

Maßmann, H. F., Fabian von Auerswald. In: Deutsche Turn-Zeitung, 1861, S. 159.

Maßmann, H. F., Die öffentliche Turnanstalt zu München. München 1838.

Mederer, J. N., Annales Ingolstadiensis Academiae. 4 Bde., Ingolstadt 1782.

M(eier), G., Doktor Karl Wassmannsdorff. Zu seinem 70. Geburtstage. In: Neue Jahrbücher für die Turnkunst, 1891, S. 129-134.

Meyer, W. L., Die leibliche Leistungen der Ritter im Mittelalter. In: Deutsche Turn-Zeitung, 1866, S. 162-164.

Minkowski, H., Das Ringen im Grüblein. Eine spätmittelalterliche Form des deutschen Leibringens. Vier frühe Drucke und Auszüge aus einer unedierten Fechthandschrift des 16. Jahrhunderts. Stuttgart 1963.

Mohnike, G. (Hg.), Bartholomäi Sastrowen Herkommen, Geburt und Lauff seines ganzen Lebens. 3 Bde., Grieswald 1823-1824.

Mone. F. J., Quellensammlung der badischen Landesgeschichte. Karlsruhe 1848.

Mone, F. J., Ueber das Kriegswesen vom 13.-17. Jahrhundert in Baden, Bayern, Elsaß, Schweiz, Vorarlberg, Hessen und Rheinpreußen. In: Zeitschrift für die Geschichte des Oberrheins. Bd. 16, 1864, S. 1 ff.

Neuendorff, E., Dr. Karl Wassmannsdorff. In: Monatsschrift für das Turnwesen, 1906, S. 289-294.

Neuendorff, E., Geschichte der neueren deutschen Leibesübung von Beginn des 18. Jahrhunderts bis zur Gegenwart. Bd. I, Dresden 1930.

Neumann, H. (Hg.), Johannes Rothe. Der Ritterspiegel. Halle/Saale 1936.

Niedner, F., Das deutsche Turnier im XII. und XIII. Jahrhundert. Berlin 1881.

Otto, J., Das grosse Rottweiler Herrenschieszen anno 1558 von Lienhart Flexel. In: Ale-

mannia. Zeitschrift für Sprache, Literatur und Volkskunde des Elsasses und Ober-
rheins, Bd. 6, 1878, S. 201-228.

Pawel, J., Die leibliche Ergötzlichkeiten der Bauern und Bürger im Mittelalter. In: Deut-
sche Turn-Zeitung, 1891, S. 211-213, 229-231.

Pirckhammer, J., Heidelberger Turnierbuch. Heidelberg (?) 1886.

Pischon, F. A., Leitfaden zur Geschichte der deutschen Literatur. Berlin 1830.

Pommer, G. R., D. Gottgried Rudolf Pommers al. Bugenhagen Sammlungen historischer
und geographischer Merkwürdigkeiten, nach des Verfassers Tode aus seiner zum
Druck völlig fertig gemachten Handschrift herausgegeben von Kästnern. Altenburg
1752.

Prantl, C., Geschichte der Ludwig-Maximilians-Universität in Ingolstadt, Landshut, Mün-
chen zur Festfeier ihres Vierhundertjährigen Bestehens in Auftrage des Akade-
mischen Senates. München 1872.

Presinger, F. X. (Hg.), Das Matrikelbuch der Universität Ingolstadt-Landshut-München.
München 1872.

Radlkofer, M., Die Schützengesellschaften und Schützenfeste Augsburg im 15. und 16.
Jahrhundert. In: Zeitschrift des Historischen Vereins für Schwaben und Neuburg, Bd.
21, 1894, S. 87-138.

Radlkofer, M., Beschreibung des Büchsenschießens im Jahr 1555 in Passau durch den
Augsburger Pritschenmeister Lienhart Flexel. Mit Einleitung und Anmerkung her-
ausgegeben von Max Radlkofer. In: Verhandlungen des Historischen Vereins für Nie-
derbayern, Bd. 29, 1893, S. 129-172.

Regis, G., Gargantua und Pantagruel. Leipzig 1832.

Rollenhagen, G., Froschmeuseler. In: K. Goedeke und J. Tittmann (Hg.), Deutsche Dich-
ter des sechzehnten Jahrhunderts, Bd. 8, Theil 1, Leipzig 1876, S. 7.

Rosenberg, M., Quellen zur Geschichte des Heidelberger Schlosses. Heidelberg 1882.

Roux, W., Anweisung zum Hiebfechten mit Graden und Krummen Klingen. Jena 1849.

Rückert, H., Der wälsche Gast des Thomasin von Zirckaria. Quedlinburg 1852.

Scheffel, J. V., Das Walthari-Lied. Stuttgart 1875.

Scheible, J., Das große Herren=Schießen zu Ulm 1556. In: Das Schaltjahr, welches ist der
teutsche Kalender mit den Figuren, und hat 365 tag, Bd. 4, Stuttgart 1847, S. 341-
345, 467-474, 620-628; Bd. 5, 1847, S. 40-48.

Scheidler, K. H., Fechtkunst. In: Allgemeiner Encyklopädie der Wissenschaften und Künste in
alphabetischer Folge von genannten Schriftstellern bearbeitet und herausgegeben von J. S.
Ersch und F, G. Gruber. Section 1, A-G, Theil 42, Leipzig 1845, S. 190-206.

Scheidler, K. H., Kurze Geschichte der Fechtkunst, insbesondere auf den Universitäten und namentlich in Jena. In: Jenaische Blätter für Geschichte und Reform des deutschen Universitätswesens, insbesondere des Studentenlebens, sowie für deutsche National= und Staats=Pädagogik, H. 3, Jena 1849, S. 131-159.

Scheidler, K. H., Kurze Geschichte der Fechtkunst in alter und neuer Zeit. In: Deutsche Turn-Zeitung, 1864, S. 4-7, 25-28, 65-68, 169-171, 180-181, 203-205.

Scheidler, K. H., Entgegnung des Prof. Scheidler auf den Artikel in Nr. 45 1864 der T=Ztg. "über die Marxbrüder und Federfechter". In: Deutsche Turn-Zeitung, 1865, S.15-16, 23-24.

Schneegang, Die unterbrochene Fechtschule, ein Sittenbild aus dem 16. Jahrhundert. In: Alsatia. Jahrbuch für elsässische Geschichte Sage, Alterthumskunde, Sitte, Sprache und Kunst, 1853, S. 180-192.

Schreiber, G., Die Schützengesellschaften zu Freiburg im Breisgau. Freiburg i. Br. 1846.

Schultz, A., Das höfische Leben zur Zeit Minnesinger. Bd. 2, Osnabrück 1965 (1889).

Seidlitz, W. von, Das Kupferstich- und Holzschnittwerk des Hans Sebald Beham. II, Das Holzschnittwerk. In: Jahrbuch der Königlich Preussischen Kunstsammlungen, Bd. 3, 1882, S. 225-234.

Simrock, K. J. (Übersetzt)., Die Edda, die ältere und jüngere nebst den mythischen Erzählungen der Skalda. Stuttgart/Tübingen 1851.

Spieß, A., Die Lehre der Turnkunst. Bd. 4, Das Turnen in den Gemeinübungen. Basel 1846.

Stalder, A., Fragmente über Entlebuch. Teil II, Zürich 1798.

Uhland, L., Schriften zur Geschichte der Deutschen Dichtung und Sage. Stuttgart 1865.

Veesenmeyer, G., Ein Freischießen in Ulm, im Jahr 1556. In: Württembergische Vierteljahrshefte für Landesgeschichte, Bd. 5, Stuttgart 1882, S. 241-250.

Vieth, A., Encyklopädie der Leibesübungen. Berlin 1794/95.

Vögelin, A. S., Das Freischießen von 1504. In: Neujahrsblatt der Stadtbibliothek in Zürich, 1867, S. 1-9.

Wackernagel, W., Geschichte der deutschen Literatur: Ein Handbuch. Basel 1848.

Walther, A. H., Dithmarsische Chronik, darinn nebenst der Landes Beschreibung die Geschichte, so sich vor erlangeter, bey gehabter und nach verlohrener Freyheit des Dithmarscher Landes begeben. 3 Bücher, Schleßwig 1683.

Wassmannsdorff, K., Würdigung der Spieß'schen Turnlehre. Basel 1845.

Wassmannsdorff, K., Kloss, M.: Das Hantelbüchelein, Leipzig, Weber, 1858. In: Neue Jahrbücher für die Turnkunst, 1858, S. 326-335.

Wassmannsdorff, K., Vorschläge zur Einheit in der Kunstsprache des deutschen Turnens.

Mit einem Plane des Turnplatzes in der Hasenheide v. H. 1818 und des Spieß'schen Turnplatzes zu Burgdorf. Berlin 1861.

Wassmannsdorff, K., Ueber die Einführung der griechische-machedonischen Elementar-Taktik in den Turnunterricht der Gymnasien. In: Neue Jahrbücher für die Turnkunst, 1865, S.247-249.

Wassmannsdorff, K., Deutsche und armenische Jugend= und Turnspiele. In: Deutsche Turn-Zeitung, 1866, S.113-115

Wassmannsdorff, K., Die Ordnungsübungen des deutschen Schulturnens. Mit einem Anhange: Die Griechisch-makedonische Elementartaktik und das Pilumwerfen auf den deutschen Schulturnen. Frankfurt a. M. 1868. (hansebooks, 2017; MV-SocialScience, 2021)

Wassmannsdorff, K., Reigen und Liederreigen für das Schulturnen aus dem Nachlasse von Adolf Spieß. Mit einer Einleitung erklärenden Anmerkungen und Liedern. Frankfurt a. M. 1869.

Wassmannsdorff, K., Der nubische Wurfstock und das Wurfbrett der Eskimo's. In: Deutsche Turn-Zeitung, 1870, S. 45-46

Wassmannsdorff, K., Die Turnübungen in den Philanthropinen zu Dessau, Marschlins, Heidesheim und Schnepfenthal: Ein Beitrag zur Geschichte des neueren Turnwesens. Heidelberg 1870. (Franklin Classics, 2018)

Wassmannsdorff, K., Zur Geschichte der Erfindung und des Erstgebrauches der Turngeräthe. In: Deutsche Turn-Zeitung, 1875, S. 273-277; 294-298; 305-207; 313-318; 1876, S. 33-36, 49-52, 65-69, 73-76, 89-90.

Wassmannsdorff, K. Zur Belehrung über die Bedeutung und die Geschichte des Turnwortes der Hantel. Plauen i./V. 1877.

Wassmannsdorff, K., Das neue Soldatenturnen in Frankreich seit 1877. In: Deutsche Turn-Zeitung, 1881, S. 477-480.

Wassmannsdorff, K., Zur Hantelfrieden innerhalb der deutschen Turnerschaft auf der Grundlage des Denkens und der Wissensfreundschaft. Heidelberg 1882.

Wassmannsdorff, K., Die Sprache und die Turngerätbezeichnung „Hantel". Eine Auseinandersetzung. Heidelberg 1883.

Wassmannsdorff, K., Aus dem Turn- und Jugendleben in Schnepfenthal unter GutsMuths, von 1787-1839. In: Neue Jahrbücher für die Turnkunst, 1884, S. 233.

Wassmannsdorff, K., Die „gymnastic crown", ein amerikanisches Turngerät. In: Monatsschrift für das Turnwesen, 1885, S. 70 ff.

Wassmannsdorff, K., Deutsche und englischer Dreisprung, und englische Wörter in deutschen Turnschriften. In: Deutsche Turn-Zeitung, 1899, S. 989-991

Werneke, B., Das eddische Rigsmal: nebst Uebersetzung und Erläuterungen. Jahresbericht über das Königliche Katholische Gymnasium in Deutsch-Crone. 1856/57.

Wierschin, M., Meister Johann Liechtenauers Kunst des Fechtens. München 1965.

Wille, J., Das Tagebuch und Ausgabenbuch des Churfürsten Friedrich IV. von der Pfalz. In: Zeitschrift für die Geschichte des Oberrheins, Bd. 33, 1880, S. 201-295.

Wirth, H., Archiv für die Geschichte der Stadt Heidelberg. Bd. 1, Heidelberg 1868.

Wustmann, G., Das Freischießen zu Leipzig im Juli 1559. Leipzig 1884.

岸野雄三，体育史，大修館書店，1973 年。

楠戸一彦，運動の「要素化」と「鋳型化」　シュピース，岸野悠三ほか編，体育・スポーツ人物思想史，不昧堂出版，1979 年，307-348 頁。

楠戸一彦，ドイツ中世スポーツ史研究の課題，山口大学教育学部　研究論叢，第 30 巻（1980）第 3 部，127-142 頁。

楠戸一彦，ドイツ中世後期における「剣士ゲゼルシャフト（Fechtergesellschaft）」の成立事情―「マルクス兄弟団（Marxbrüderschaft）の成立に関する一考察―，岸野雄三教授退官記念論集刊行会編，岸野雄三教授退官記念論集　体育史の探求，岸野雄三退官記念論集刊行会，1982 年，19-38 頁。

楠戸一彦，スポーツ史資料：K.ヴァスマンスドルフ（1820-1906）の文献目録，広島大学総合科学部紀要 VI 保健体育学研究，第 9 巻（1991 年），35-51 頁。（「1820」を「1821」に訂正されたい。）

楠戸一彦，ドイツ中世後期のスポーツ―アウグスブルクにおける「公開射撃大会」―，不昧堂出版，1998 年。

楠戸一彦，ドイツ中世スポーツ史研究入門，溪水社，2013 年。

楠戸一彦，ドイツ中世後期の剣術と剣士団体，溪水社，2020 年。

谷口幸男，エッダ―古代北欧歌謡集―，新潮社，1973 年。

谷口幸男，オラウス・マグヌス　北方民族文化誌，上巻，下巻，溪水社，1991 年。

成田十次郎，近代ドイツスポーツ史 I　学校・社会体育の成立過程，不昧堂出版，1977 年。

フランソワ・ラブレー作，渡辺一夫訳，第一之書　ガルガンチュア物語，岩波書店，1988 年。

松尾順一，ドイツ体操祭と国民統合　近代ドイツにおける全国体操祭に関する史的研究（1860-1880），創文企画，2010 年。

ユリウス・ボフス著，稲垣正浩訳，入門スポーツ史，大修館書店，1988 年。

事項索引

162

人名索引

- ドイツにおける歴史的人物の経歴に関する調査は，「バイエルン科学アカデミー歴史委員会」（Historischen Kommission bei der Bayerischen Akademie der Wissenschaften）が提供している次のウエブサイトが有効である。

「Deutsche Biographie」（URL: https://www.deutsche-biographie.de/）（2022. 4.10.）

著者紹介

楠戸　一彦（くすど かずひこ）

1947 年　岡山県倉敷市に生まれる
1970 年　東京教育大学体育学部卒業
1976 年　山口大学教育学部講師
1985 年　広島大学総合科学部助教授
1997 年　広島大学総合科学部教授
2012 年　広島大学総合科学研究科名誉教授

主 著　ドイツ中世後期のスポーツ－アウグスブルクにおける「公開射撃大会」－,
　　　　不昧堂出版，1998 年
　　　　ドイツ中世スポーツ史入門，溪水社，2013 年
　　　　ドイツ中世後期の剣術と剣士団体，溪水社，2020 年

ドイツ中世後期のスポーツ

令和 4 年 7 月 20日　発行

著　者　K.ヴァスマンスドルフ
編　訳　楠戸　一彦
発行所　株式会社溪水社
　　　　広島市中区小町 1-4（〒730-0041）
　　　　電話 082-246-7909　FAX082-246-7876
　　　　e-mail: info@keisui.co.jp
　　　　URL: www.keisui.co.jp

ISBN978-4-86327-596-6 C3075